# OEUVRES

## DE

# M. DE FLORIAN.

## A PARIS,

Chez DIDOT L'AÎNÉ, rue Pavée S. André;
DE BURE, quai des Augustins;
DIDOT fils aîné = JOMBERT jeune,
rue Dauphine.

# THÉÂTRE

## DE

## M. DE FLORIAN,

Capitaine de dragons, et Gentilhomme de S. A. S.
Mgr le Duc de Penthievre; de l'académie
de Madrid, etc.

### SECONDE ÉDITION.

### TOME TROISIEME.

---

*C'est là tout mon talent, je ne sais s'il suffit.*
La Fontaine, V. 1.

## A PARIS,

## DE L'IMPRIMERIE DE DIDOT L'AÎNÉ.

## M. DCC. LXXXVI.

# JEANNOT ET COLIN,

## COMÉDIE

### EN TROIS ACTES, EN PROSE;

Représentée pour la premiere fois par les Comédiens Italiens ordinaires du Roi, le mardi 14 novembre 1780.

# A MADAME

# DU VIVIER,

NIECE DE M. DE VOLTAIRE.

Madame,

Je vous dois l'hommage de cette comédie à plus d'un titre : j'en ai pris le sujet dans monsieur de Voltaire ; et vous avez bien voulu m'aider de vos conseils. Pardonnez si je n'en ai pas mieux profité : ce n'est pas faute d'en avoir senti le prix ; je sais qu'un grand homme, qui n'en recevoit que de son génie, ne les dédaignoit pas. Je me consolerai de n'avoir point de génie, tant que votre amitié m'en tiendra lieu.

Vous savez mieux que moi, MA-DAME, que l'on pouvoit tirer un plus grand parti de ce conte charmant, où monsieur de Voltaire a peint avec des couleurs si vraies la sottise des parvenus et la bassesse de leurs flatteurs. En admirant son tableau, j'ai senti qu'il étoit au-dessus de mes forces, et peut-être de mon âge, de le porter sur la scene; mais l'amour, l'amitié, sont de mon âge, et, j'ose dire, de mon cœur: je ne me suis attaché qu'à peindre ces deux sentimens; heureusement pour moi, votre goût a dirigé ma sensibilité.

Tout foible qu'il est, j'ose vous offrir mon premier ouvrage; il a, du moins, le mérite d'avoir été créé par

cet homme immortel que je vous ai
vue si souvent pleurer. Souvenez-
vous qu'il daigna m'aimer ; souvenez-
vous encore que vous m'avez donné
la main pour soutenir mes premiers
pas. Vous avez contracté l'obligation
de toujours m'instruire, comme moi
celle de toujours vous chérir.

Je suis avec une reconnoissance
égale à mon respect,

MADAME,

votre très humble et très
obéissant serviteur,
FLORIAN.

# PERSONNAGES.

JEANNOT, marquis.

COLIN, bourgeois.

COLETTE, sœur de Colin.

LA MERE DE JEANNOT, marquise.

LA COMTESSE D'ORVILLE.

DURVAL, gouverneur du marquis.

L'ÉPINE, valet du marquis.

UN MAÎTRE-D'HÔTEL.

La scene est à Paris, dans le salon de la marquise.

F. M. Queverdo del.    1783    De Longueil Sculp.

Et toi, es-tu mon frere?

# JEANNOT ET COLIN,

## COMÉDIE.

## ACTE I.

## SCENE PREMIERE.

### COLIN, COLETTE, L'ÉPINE.

#### L'ÉPINE.

Il est à peine jour chez madame la marquise; attendez dans ce salon : je vous avertirai lorsque vous pourrez voir madame.

#### COLIN.

Vous voudrez bien lui dire que ce sont deux personnes pour qui elle avoit de l'amitié dans le temps qu'elle demeuroit en Auvergne. Si elle vous demande leurs noms, vous direz que c'est Colin et Colette : elle s'en souviendra sûrement.

L'ÉPINE.

Monsieur Colin et mademoiselle Colette qu'elle a connus en Auvergne: cela suffit.                    (Il sort.)

## SCENE II.

### COLIN, COLETTE.

COLETTE.

COMME tout ceci est magnifique ! Jeannot ne nous reconnoîtra plus; il est devenu trop riche pour se souvenir de ceux qui l'ont vu pauvre.

COLIN.

Il seroit donc bien changé, ma sœur: il étoit si bon, si sensible, lorsque nous habitions ensemble notre petite ville ! A peine y a-t-il un an

qu'il nous a quittés ; il faut plus d'un
an pour corrompre un cœur honnête.

C O L E T T E.

L'amour auroit dû préserver le
sien : mais il ne m'aime plus, j'en suis
sûre. Te souviens-tu de la maniere
dont il me quitta, lorsque sa mere
l'envoya chercher en Auvergne? Comme il fut enivré de sa nouvelle fortune,
et d'entendre ses domestiques l'appeller monsieur le marquis ! Il nous dit
adieu presque sans pleurer ; il monta
dans sa brillante voiture sans retour-
ner la tête vers moi, que tu soutenois à
peine, et dont les yeux le suivirent...
même quand je ne le vis plus. Mon
frere, il a oublié la malheureuse Colette ! il ne pense plus aux serments
que nous nous sommes faits de n'être
jamais que l'un à l'autre ; serments
qu'il a écrits, que je conserve, et que
je lui rendrai : ces écritures-là perdent
tout leur prix quand on ne les lit plus
ensemble.

# SCENE III.

## COLIN, COLETTE, L'ÉPINE.

#### L'ÉPINE.

MADAME la marquise s'habille; elle vous fait dire que si vous voulez la voir, vous preniez la peine d'attendre.

#### COLIN.

Nous attendrons. Monsieur le marquis son fils est-il chez lui?

#### L'ÉPINE.

Non : il est sorti de grand matin.

#### COLIN.

A quelle heure pourrions-nous le trouver?

#### L'ÉPINE.

Il n'est pas habillé : ainsi revenez à une heure, vous pourrez peut-être lui parler.

COLIN.

Nous reviendrons sûrement.

COLETTE.

Monsieur, c'est un bien grand seigneur, que monsieur le marquis?

L'ÉPINE.

Sûrement, mademoiselle; c'est mon
maître. Sans vanité, c'est l'homme le
plus aimable de Paris : toutes les jolies
femmes se le disputent, et ne sont oc-
cupées que de lui plaire ; je ne doute
pas qu'un de ces jours il ne fasse un
très grand mariage, et que....

COLIN.

Vous voudrez bien nous avertir,
lorsque nous pourrons voir madame.

L'ÉPINE.

Oui, oui; soyez tranquilles.
(Il sort.)

## SCENE IV.

### COLIN, COLETTE.

#### COLIN.

Du courage, ma sœur! tu as voulu me suivre à Paris pour t'assurer par toi-même de l'infidélité de Jeannot: nous allons le voir, nous allons le juger; s'il a cessé de t'aimer, ton mépris pour lui doit te rendre à toi-même et à la raison.

#### COLETTE.

Ah! mon frere, si vous saviez combien il en coûte pour mépriser celui qu'on aime!

#### COLIN.

Il m'en coûteroit autant qu'à toi; mon amitié pour Jeannot est aussi vive que ton amour. Je ne me dissimule pas ses torts : depuis six mois

seś lettres sont devenues plus rares et
moins tendres : mais il est bien jeune,
il a été transporté tout d'un coup
d'une vie simple et paisible dans le
tourbillon du monde et de ses plaisirs;
il peut s'être laissé enivrer malgré lui;
ne le jugeons pas sans l'avoir vu. Plus
nous l'aimons, plus nous avons besoin de preuves pour cesser de l'estimer.

COLETTE.

Il est vrai qu'il sera toujours assez
temps de le haïr.

COLIN.

Sa mere m'inquiete plus que lui :
elle ignore les engagements de son fils
avec toi; et l'on dit que son immense
fortune lui a donné un orgueil insup-
portable.

COLETTE.

Mais comprends-tu cette fortune
acquise en si peu de temps? A peine
y a-t-il quatre ans que la mere de

Jeannot habitoit notre petite ville. Elle étoit alors une simple bourgeoise bien moins riche que nous ; mon pere ne trouvoit pas son fils un assez bon parti pour moi. Madame la marquise n'étoit pas marquise alors ; et quand nous allions la voir, elle ne nous faisoit pas attendre.

C O L I N.

Que veux-tu , Colette ! elle a fait fortune. Il n'y a rien à répondre à ce mot-là.

C O L E T T E.

Explique-moi ce que c'est que faire fortune. Comment des gens qui n'ont rien parviennent-ils à avoir quelque chose ? ils prennent donc à ceux qui en ont ?

C O L I N.

Pas toujours. Ce matin j'ai vu quelqu'un de notre ville établi ici depuis long-temps ; il m'a raconté comment la mere de Jeannot avoit acquis ses richesses. Tu te souviens qu'elle fut obligée de venir à Paris pour des affaires ; elle y trouva un de ses parents immensément riche qui la prit en amitié, et la fit jouir de sa fortune : ce parent est mort il y a six mois, et lui a laissé tout son bien.

### COLETTE.

Ce parent avoit bien affaire de lui laisser son bien ! il est cause que j'ai perdu le mien.

### COLIN.

La voici.

## SCENE V.

### COLIN, COLETTE, LA MARQUISE.

### LA MARQUISE.

Eh ! bon jour, mes enfants ; je ne m'attendois guere à votre visite. Par quel hasard êtes-vous à Paris ?

COLIN

Les affaires de mon commerce m'y
ont appellé, madame; ma sœur a
voulu être du voyage. Nous sommes
ici pour bien peu de temps; mais
nous n'en partirons point sans avoir
vu notre bon ami Jean... monsieur le
marquis.

LA MARQUISE, à part.

Son bon ami! l'impertinent! (haut.)
Mon fils est sorti, je crois.

COLIN.

Oui, madame; on nous l'a dit: nous
ne sommes pas fâchés que notre premiere visite soit pour vous toute
seule.

LA MARQUISE.

Comment! Colin, tu me fais des
compliments! Mais dis-moi ce que
tu viens faire ici. Je m'en doute, tu
as compté sur ma protection : si je
le peux, je te rendrai service. Et ton
vieux pere, comment se porte-t-il?

### COLIN.

J'ai eu le malheur de le perdre, madame : je suis à présent à la tête de sa
manufacture ; et mes affaires vont assez bien pour que je ne sois venu chercher dans votre maison que le plaisir
de vous voir.

### LA MARQUISE.

Tant mieux pour toi, mon enfant.
Ta sœur a l'air bien triste. Paris ne la
réjouit pas ?

### COLETTE.

Non, madame : j'espere le quitter
bientôt.

### LA MARQUISE.

Vous ferez bien ; cette ville-ci est
dangereuse à votre âge. Adieu : je ne
me gêne pas avec vous, j'ai besoin d'ê-
tre seule ; nous causerons plus long-
temps une autre fois.

(Colin et Colette la saluent : elle leur fait un signe
de tête. )

COLIN, à part.

Dieu veuille que son fils ne lui ressemble pas! (Ils sortent.)

## SCENE VI.

LA MARQUISE, seule.

L'IMPORTANCE de monsieur Colin est plaisante... Holà! quelqu'un.

## SCENE VII.

LA MARQUISE, L'ÉPINE.

LA MARQUISE.

ALLEZ savoir des nouvelles de madame la comtesse d'Orville : vous lui demanderez si elle nous fera l'honneur de venir dîner avec nous; vous lui direz que nous serons seuls, pour pouvoir parler d'affaires. Sachez au-

paravant si le gouverneur de mon fils
est ici.

L'ÉPINE.

Le voilà, madame.          (Il sort.)

---

## SCENE VIII.

LA MARQUISE, DURVAL.

---

LA MARQUISE.

Je vous croyois sorti, monsieur Durval.

DURVAL.

Je n'ai pas voulu suivre monsieur le
marquis, de peur que madame n'eût
besoin de moi pendant ce temps-là.

LA MARQUISE.

J'ai toujours besoin de vos conseils,
vous le savez bien; depuis que je vous
ai confié l'éducation de mon fils, je
n'ai rien fait sans votre avis, heureusement pour moi.

### DURVAL.

Mon zele et mon attachement m'ont tenu lieu de lumieres.

### LA MARQUISE.

J'ai un grand secret à vous confier. Je vais marier le marquis. Vous savez combien je suis liée avec la comtesse d'Orville; c'est une veuve, jeune, jolie, et d'une des premieres maisons du royaume; elle est cousine du ministre. Madame d'Orville, par amitié pour moi, et pour achever de liquider ses biens, épouse le marquis, et lui apporte pour dot la promesse d'un régiment. J'ai conclu hier ce mariage. Vous ne pensez pas que mon fils y ait la moindre répugnance?

### DURVAL.

Madame, je craindrois que le mot de mariage n'effrayât son goût trop vif pour l'indépendance et la dissipation: mais le plaisir d'être colonel l'emportera sur tout.

LA MARQUISE.

Je l'espere, monsieur Durval. Ce n'est pas la seule affaire qui m'occupe : avez-vous été chez mon avocat ?

DURVAL.

Oui, madame ; votre procès est sur le point d'être jugé : mais il m'a chargé de vous répéter que vous n'aviez rien à craindre.

LA MARQUISE.

Je suis tranquille : quoique ce procès soit important, je n'ai pas voulu en parler à madame d'Orville, par la certitude où je suis de le gagner.

DURVAL.

Je reconnois bien là madame la marquise ; son amitié prudente sait épargner des alarmes inutiles.

LA MARQUISE.

Je suis bien aise que vous pensiez comme moi. Sans vous, monsieur Durval, je ne serois jamais sûre de rien. Voici mon fils ; je vais lui faire part de tous mes projets.

## SCENE IX.

### LA MARQUISE, LE MARQUIS, DURVAL.

LE MARQUIS.

BON JOUR, ma mere. Je viens d'acheter le plus joli cabriolet du monde: s'il m'étoit resté de l'argent, j'aurois pu avoir le plus beau cheval de Paris; mais les barbares n'ont pas voulu me faire crédit.

LA MARQUISE.

Mon ami, j'ai à te parler d'affaires sérieuses.

LE MARQUIS, riant.

Vous m'effrayez, ma mere.

LA MARQUISE.

Serois-tu bien aise d'être colonel?

LE MARQUIS.

Colonel! Ce seroit le bonheur de

ma vie. J'aurois tant de plaisir à rejoindre mon régiment! Le manege,
les manœuvres, tout cela doit être
charmant. On passe l'été dans une
ville de guerre; l'hiver, on revient à
Paris jouir des plaisirs de la capitale :
on a l'air de se reposer; et l'on s'est
toujours diverti.

LA MARQUISE.

Eh bien! tu connois la comtesse
d'Orville; j'ai arrêté ton mariage avec
elle. (Le marquis rêve.) Elle se charge de
t'avoir une compagnie de dragons
dès aujourd'hui, et la promesse d'un
régiment aussitôt que tu auras l'âge.
Voilà nos conditions; j'ai répondu de
ton aveu.

DURVAL.

Ah! quelle mere vous avez, monsieur le marquis!

LA MARQUISE.

A quoi pensez-vous donc, mon fils?

### LE MARQUIS.

A tout ce que je vous dois, ma mere ; chaque événement heureux qui m'arrive est toujours un bienfait de vous. J'aurois desiré ne pas me marier encore...

### LA MARQUISE.

Mon ami, c'est à ce mariage que tu devras ta fortune : le mérite n'est rien sans protection. D'ailleurs, ma parole est donnée, tout est arrangé, et j'ai deja commandé tes habits de noces.

---

## SCENE X.

## LE MARQUIS, LA MARQUISE, DURVAL, L'ÉPINE.

### L'ÉPINE.

Madame la comtesse d'Orville remercie madame ; elle aura l'honneur de venir dîner avec elle aujourd'hui.

LA MARQUISE.

C'est bon.      (L'Épine sort.)

## SCENE XI.

## LE MARQUIS, LA MARQUISE, DURVAL.

LA MARQUISE.

C'EST pour dîner avec toi, et pour causer de nos affaires : afin de n'être point dérangés, je vais faire fermer ma porte... A propos j'oubliois de te parler d'une visite que je viens d'avoir, et que tu auras sûrement.

LE MARQUIS.

Qui donc?

LA MARQUISE.

Devine.

LE MARQUIS.

Comment voulez-vous que je de-

3.                      3

vine? Ce ne sont pas encore les offi-
ciers du régiment que j'aurai?

LA MARQUISE.

Non: c'est Colin et Colette.

LE MARQUIS, ému.

Colette?

LA MARQUISE.

Oui : Colin et Colette d'Auvergne;
cette petite Colette dont tu me parlois
tant dans les commencements de ton
séjour ici.

LE MARQUIS.

Ils sont à Paris?

LA MARQUISE.

Eh oui : je les ai vus. Quel air as-tu
donc? Cela t'attriste?

LE MARQUIS.

Non, ma mere. Vous ont-ils parlé
de moi?

LA MARQUISE.

Beaucoup : ils t'appellent leur cher
ami.

DURVAL.

Oserai-je demander à madame la
marquise ce que c'est que ce Colin et
cette Colette ?

LA MARQUISE.

Colin est un petit bourgeois qui venoit profiter des maîtres de mon fils
lorsque nous habitions l'Auvergne...
Mais madame d'Orville arrivera de
bonne heure ; il est temps de vous habiller, mon fils : je vous laisse. Monsieur Durval, voulez-vous me rendre
un service ? J'ai des papiers intéres-
sants que mon procureur devoit venir prendre : allez le voir, je vous en
prie ; vous les lui porterez. Je vous
demande pardon si...

DURVAL.

Madame, en m'employant pour
vous, c'est m'obliger à la reconnoissance.

( Ils sortent. )

## SCENE XII.

### LE MARQUIS, seul,

Colette est ici ! je vais la revoir ! Colette que j'ai tant aimée...... qui m'aime encore, j'en suis sûr ! Et dans quel moment revient-elle ! Je ne la verrai point, je ne pourrois soutenir ses reproches ; tout mon amour renaîtroit peut-être, et je serois le plus malheureux des hommes..... Que diroit ma mere ; ma mere à qui je dois tout... je la ferois mourir de douleur. Non, Colette, non, je ne vous verrai point: l'émotion que votre nom seul m'a causée me fait trop sentir qu'il ne faut pas vous revoir.

## SCENE XIII.

### LE MARQUIS, L'ÉPINE.

#### L'ÉPINE.

Monsieur le marquis veut-il s'habiller?

#### LE MARQUIS.

Écoute, l'Épine : as-tu vu ce jeune
homme qui est venu ce matin avec sa
sœur?

#### L'ÉPINE.

Qui? monsieur Colin et mademoiselle Colette ?

#### LE MARQUIS.

Tu leur as parlé ?

#### L'ÉPINE.

Oui : monsieur Colin m'a demandé
quand il pourroit vous voir ; je lui ai
dit de revenir à une heure

#### LE MARQUIS.

Vous avez mal fait. S'ils reviennent,

3.

l'Épine, tu leur diras que je n'y…Ah!
que cette visite m'inquiete et m'em-
barrasse !

L'ÉPINE.

Que faudra-t-il leur dire?

LE MARQUIS.

C'est Colin qui m'a demandé? Elle
n'a rien dit, elle ?

L'ÉPINE.

Qui? sa sœur?

LE MARQUIS.

Eh oui.

L'ÉPINE.

Oh! non; elle étoit si triste! Elle
m'a seulement demandé si vous étiez
un grand seigneur. Je crois, monsieur,
que cette fille-là vient implorer votre
protection pour quelque malheur qui
lui est arrivé; car en sortant elle étoit
en larmes.

LE MARQUIS.

Elle étoit en larmes?

L'ÉPINE,

Oui : cela m'a fait peine ; elle a un petit air si doux , si intéressant ! vous ferez bien de lui rendre service, si vous le pouvez.

LE MARQUIS,

Ah ciel !

L'ÉPINE.

Qu'avez-vous donc , monsieur? Je ne vous ai jamais vu aussi agité.

LE MARQUIS.

Mon pauvre l'Épine , si tu savois combien je crains de la revoir !

L'ÉPINE.

Qui? mademoiselle Colette?.,......
Ah! je commence à comprendre; c'est une vieille connoissance que vous voudriez ne plus reconnoître. Eh bien! monsieur , rien n'est si aisé • quand elle reviendra, je lui dirai que vous êtes sorti.

LE MARQUIS.

Non, il seroit affreux de me cacher.



L'ÉPINE

Je la verrai, je lui parlerai; elle sentira bien qu'il m'est impossible de désobéir à ma mere. Oui, mon ami, j'ai adoré Colette, je lui ai promis de l'épouser: mais Colette est une simple bourgeoise; juge si ma mere consentiroit jamais...

L'ÉPINE.

Madame votre mere? Elle aimeroit mieux vous voir mourir que de vous voir déroger. Mais écoutez, monsieur; je crois qu'il y auroit maniere de s'arranger. J'ai une morale qui m'a toujours tiré de par-tout: raisonnons. On ne risque jamais de mal faire en remplissant tous ses devoirs. D'après cela, n'épousez point mademoiselle Colette, parceque ce seroit manquer à ce qu'un fils doit à sa mere: ensuite, pour réparer vos torts envers mademoiselle Colette, faites-lui partager votre fortune, donnez-lui une bonne maison; en un mot...

LE MARQUIS.

Taisez-vous ; je vous chasserois tout-à-l'heure. Si vous connoissiez Colette...

L'ÉPINE.

Monsieur, je ne dis plus mot : mais quand mademoiselle Colette viendra, que lui dirai-je ?

LE MARQUIS.

Je n'en sais rien : venez m'habiller.


FIN DU PREMIER ACTE.

# ACTE II.

## SCENE PREMIERE.

LE MARQUIS, seul, sa montre à la main.

Il est près d'une heure : Colette ne tardera pas. Chaque minute qui s'écoule augmente mon incertitude. L'Épine...

## SCENE II.

### LE MARQUIS, L'ÉPINE.

L'ÉPINE, dans la coulisse.

Monsieur?

LE MARQUIS.

Eh! venez donc!

L'ÉPINE, paroissant.

Me voilà, monsieur.

LE MARQUIS.

Elle va venir.

L'ÉPINE.

Oui, monsieur.

LE MARQUIS.

Je ne veux pas la voir : je me per-
drois, j'en suis sûr.

L'ÉPINE.

Eh bien, monsieur! restez dans votre appartement; je la recevrai, moi,
je m'en charge.

LE MARQUIS, à part.

Me cacher pour ne pas la voir! elle
à qui j'ai juré tant de fois de l'aimer
toute ma vie!

L'ÉPINE.

Oh! si l'on se mettoit sur le pied
de tenir toutes ces promesses-là, qui
diable pourroit y suffire?

LE MARQUIS, à part.

Et Colin, le bon Colin qui m'aimoit tant, qui m'appelloit son frere,
qui me serra dans ses bras lorsque je

le quittai... voilà l'indigne réception
que je lui prépare !

L'ÉPINE.

Monsieur...

LE MARQUIS.

Eh bien ?

L'ÉPINE.

J'entends du bruit ; sauvez-vous :
les voilà ; sauvez-vous donc.

LE MARQUIS.

Il n'est plus temps : que devenir ?

( Colin et Colette paroissent. )

# SCENE III.

### LE MARQUIS, COLIN, COLETTE, L'ÉPINE.

(Colin entre le premier, Colette le suit les yeux baissés, le marquis va à Colin sans oser regarder Colette.)

LE MARQUIS.

Ah! c'est vous, mon cher Colin !

COLIN.

Oui, c'est Colin. Êtes-vous aussi celui que nous venons chercher?

LE MARQUIS, les yeux baissés.

Mon cœur est toujours le même.

COLIN.

Nous le desirons bien. Mais faites retirer ce domestique : à présent que vous êtes grand seigneur, nous n'oserons plus vous aimer devant le monde.

LE MARQUIS, à l'Épine.

Sortez.

3.                              4

## SCENE IV.

### LE MARQUIS, COLIN, COLETTE.

(Il se fait un moment de silence.)

———

LE MARQUIS, *très embarrassé.*

MA mere avoit oublié ce matin de s'informer de votre demeure; j'en ai été bien fâché.

COLIN, *l'examinant.*

Puisque nous savions la vôtre, vous étiez bien sûr de nous voir.

LE MARQUIS.

Ah! je vous vois trop tard.

COLETTE.

Plût au ciel ne l'avoir jamais vu!

(Il se fait encore un silence.)

COLIN.

Vous ne reconnoissez pas ma sœur?

LE MARQUIS.

Je suis le plus malheureux des

hommes : je dépends de ma mere,
ma fortune est son ouvrage ; je lui
dois tout, je lui dois même le sacri-
fice de mon bonheur. Ne me haïssez
pas... Ne me méprisez pas... Si vous
saviez...

COLIN.

Vous me faites pitié : croyez-moi,
terminons un entretien pénible pour
tous : vous craignez de nous reconnoître ; et nous ne vous reconnois-
sons plus. Adieu.

(Ils s'en vont.)

LE MARQUIS.

Arrêtez, je vous supplie.

COLETTE, retenant Colin.

Mon frere, il veut vous parler.

LE MARQUIS.

Ayez pitié de moi, Colette ; ne
m'accablez pas de votre mépris. Oui,
je sens bien que je l'ai mérité : la fortune, l'ambition m'ont aveuglé. J'ai
manqué à l'amour, à l'amitié ; j'ai

desiré de vous oublier, j'ai voulu vous
arracher de mon cœur : je le sais , je
sais que je n'ai point d'excuse. Mais
je me suis vu dans un nouveau monde, j'ai cédé au torrent qui m'entraî-
noit, à l'ascendant que ma mere a sur
moi; elle n'étoit occupée que d'éloigner tout ce qui pouvoit rappeller notre ancienne pauvreté; elle me défendit de penser à vous.

COLETTE.

Lorsqu'autrefois vous étiez pauvre, et que je l'étois moins que vous,
mon pere me défendit aussi de vous
aimer : vous savez comment je lui
obéis.

LE MARQUIS.

Ah ! croyez que votre image n'a pas
quitté mon cœur. Dès que j'ai entendu prononcer votre nom, tout
mon amour s'est réveillé; votre pré-
sence acheve de me rendre à moi-
même. En vous parlant, en vous re-

gardant, je redeviens tel que vous m'avez vu : chaque coup-d'œil que vous jettez sur moi me rend une vertu que j'avois perdue; et dès que vous ouvrez la bouche, mon cœur palpite, comme autrefois quand vous étiez fâchée contre moi, et que j'attendois mon pardon.

COLETTE.

Qu'osez-vous rappeller !

LE MARQUIS.

Nos serments, notre amour; cet amour si tendre, si vrai, qui nous enflamma dès l'enfance, sans lequel nous ne fîmes jamais un seul projet de bonheur. Souvenez-vous, Colette, de nos premieres années, souvenez-vous que les premiers mots que nous avons prononcés ont été la promesse de nous aimer toujours.

COLETTE.

Hélas! qui de nous deux y a manqué?

4.

LE MARQUIS.

Ce seroit vous, Colette, si vous
m'abandonniez à présent, puisque je
vous aime, puisque je vous chéris
plus que jamais. Le voudriez-vous?
Parlez. Auriez-vous la force de me
dire, Jeannot, je ne vous aime plus?

COLETTE.

Jamais je ne prononcerai ce mot-là.

LE MARQUIS, à Colin.

Elle s'attendrit, mon ami; deman-
de-lui pardon pour moi.

(Il se jette dans les bras de Colin.)

COLIN, ému.

Ma sœur, il vient de m'embrasser
comme il m'embrassoit autrefois.

LE MARQUIS.

Colette! mon ami! je suis encore
digne de vous; je le sens aux trans-
ports de mon cœur. Ah! le don d'aimer est un présent que le ciel ne fait
qu'une fois. J'ai si souvent regretté
les jours tranquilles que nous pas-

sions ensemble ! j'ai si bien éprouvé
que le bonheur n'est que dans l'amour
et dans l'obscurité !

COLIN.

Mon ami, il ne tient qu'à toi d'en
jouir encore. Reviens chez nous, tu
trouveras assez de malheureux pour
bien placer ton argent, tu feras du
bien ; nous t'aimerons : ce sera jouir
à la fois du bonheur des pauvres et des
riches.

LE MARQUIS.

Plût au ciel que ma mere t'enten-
dît avec l'émotion que tu me causes !
Mais ma mere n'est occupée que
d'ambition : elle est bien malheureuse ; elle ne songe jamais à ce qu'elle
a, et toujours à ce qu'ont les autres.
J'espere cependant la fléchir ; je lui
montrerai cette promesse de mariage
que nous prenions plaisir à renou-
veller tous les jours. Vous devez l'a-
voir, Colette.

### COLETTE.

Je ne l'ai pas perdue : mais, depuis
quelque temps, je n'osois plus la lire ;
il me sembloit qu'elle me disoit du
mal de vous.

### LE MARQUIS.

Mon frere, mon amie, je vous jure
de nouveau sur tout ce que j'aime,
que je tiendrai ma parole. Je vais me
jetter aux genoux de ma mere : je vais
lui déclarer que j'en mourrai si je ne
suis pas votre époux, et que toute autre femme...

## SCENE V.

### COLIN, COLETTE, LE MARQUIS, LA MARQUISE.

### LA MARQUISE.

Mon fils, on vient d'apporter vos
habits de noces.

#### COLETTE.

O ciel!

#### LE MARQUIS.

Gardez-vous de croire...

#### COLETTE.

Vous me trompiez...

#### LE MARQUIS.

Le ciel m'est témoin...

#### LA MARQUISE.

Qu'avez-vous donc, mon fils? Et que signifient tant de secrets avec mademoiselle Colette? Ce n'est point la veille d'un mariage, que l'on reçoit de pareilles visites. Et vous, monsieur Colin et mademoiselle, vous venez obséder mon fils : il n'a pas le temps de s'occuper de vous; je vous prie de le laisser en repos.

#### COLIN.

Oui, madame, oui; nous allons le laisser, soyez-en bien sûre. Viens, ma sœur, viens avec ton frere; puisse-t-il te tenir lieu de tout!

(Ils sortent.)

LE MARQUIS court après eux.

Non; demeurez, je vous en conjure.

COLIN.

Vous auriez trop à rougir.

## SCENE VI.

### LE MARQUIS, LA MARQUISE.

LE MARQUIS.

Ma mere, je vous respecte, je vous honore; mais vous me percez le cœur, mais vous vous dégradez vous-même. Eh! de quel droit osez-vous mépriser mes amis, mes égaux, les vôtres? Quels sont vos titres, ma mere? Leur naissance vaut la mienne, et leur cœur vaut mieux que le mien.

LA MARQUISE.

Est-ce vous qui parlez, mon fils? Est-ce bien vous qui osez?....

LE MARQUIS.

Oui, ma mere, j'ose vous dire que vos richesses ne sont rien, et que je les abhorre si elles m'ôtent le droit de disposer de moi-même.

LA MARQUISE.

Je t'entends : le voilà ce mystere que je craignois de découvrir. Que vous étiez bien né pour l'état vil d'où ma tendresse vous a tiré ! vous en avez toute la bassesse. Vous aimez Colette, j'en suis sûre ; vous rougissez de me le dire : mais...

LE MARQUIS.

Non, ma mere, non, je n'en rougis pas. J'aime Colette, je fais gloire de l'avouer ; mon amour pour elle est presque aussi ancien dans mon cœur que ma tendresse pour vous. C'est en vain que j'ai voulu l'éteindre ; grace au ciel, le peu de vertu qui me reste l'a emporté sur mon orgueil. J'ai promis à Colette de l'épouser, je tiendrai

ma parole; mon honneur, ma félicité
en dépendent: je préfere Colette, pauvre, simple et honnête, à toutes vos
femmes, dont la richesse est la seule
qualité.

LA MARQUISE.

Où en sommes-nous, grand dieu!
Vous l'époux de Colette! Vous....

SCENE VII.

LA MARQUISE, LE MARQUIS,<br>DURVAL.

DURVAL.

VOTRE procureur étoit au palais,
madame, et j'ai...

LA MARQUISE.

Ah! monsieur Durval, venez à
mon secours; venez entendre ce qu'il
ose me dire: il veut épouser cette Colette dont je vous ai parlé; il veut faire
le malheur et la honte de ma vie.

D U R V A L.

Monsieur le marquis, songez donc
à ce que vous êtes; songez...

LE MARQUIS.

Songez vous-même à ne pas vous
mêler des affaires de mon cœur : depuis que je vous connois, il n'a jamais eu rien de commun avec vous.

LA MARQUISE.

C'en est trop, ingrat : voilà donc
le prix de tout ce que j'ai fait! Je n'ai
vécu que pour toi, j'ai tout sacrifié
pour toi; et au moment où ta fortune
alloit me payer de tant de sacrifices,
tu veux m'avilir, te dégrader, manquer à ta parole, à celle que j'ai donnée à madame d'Orville!

LE MARQUIS.

Eh! ma mere, dois-je la tromper?
Dois-je l'épouser quand j'en aime une
autre? Elle va venir, je veux la prendre pour juge; je veux lui déclarer
ma passion pour Colette.

3.                          5

LA MARQUISE.

Cruel enfant! voici le premier chagrin que tu me donnes, il est violent;
tu aurois dû y accoutumer mon cœur.
Écoute-moi, daigne écouter ta mere;
elle a peut-être le droit de te supplier.
Je te demande, je te conjure de ne
parler de rien à madame d'Orville: je
t'accorderai du temps pour te décider à l'épouser ; mais ne va pas éloigner de moi la plus chere et la plus
tendre des amies. Mon fils, j'attends
cette bonté de toi. (à part.) Si j'étois
assez heureuse pour qu'elle ne vînt
pas....

## SCENE VIII.

### LE MARQUIS, LA MARQUISE, DURVAL, L'ÉPINE.

L'ÉPINE.

Madame la comtesse d'Orville.

## SCENE IX.

LE MARQUIS, LA MARQUISE,
LA COMTESSE, DURVAL.

LA MARQUISE, à part.

Ô ciel! (haut.) Eh! bon jour, madame; nous commencions à craindre
de ne pas vous avoir : mon fils alloit
courir chez vous.

LA COMTESSE.

Comment supposiez-vous que je
manquerois à mon engagement? Je
me sais pourtant gré d'arriver tard,
puisque j'ai donné un peu d'inquiétude à monsieur le marquis.

LE MARQUIS.

Madame...

LA MARQUISE.

Vous êtes-vous promenée aujour-
d'hui?

LA COMTESSE.

Non; je sors de chez moi.

LA MARQUISE, à demi-voix.

Mon fils a passé sa matinée aux
Tuileries, espérant vous y trouver.

LE MARQUIS.

Je suis trop vrai...

LA MARQUISE.

J'espere que nous dînerons bientôt.
Monsieur Durval, voulez-vous bien
dire que l'on nous serve?

(Durval sort.)

## SCENE X.

### LE MARQUIS, LA MARQUISE, LA COMTESSE.

LA MARQUISE, à la Comtesse.

Vous serez seule avec nous.

LA COMTESSE.

J'y serai moins seule que par-tout

ailleurs. Si vous saviez combien je suis lasse de ce grand monde où l'on court toujours après le plaisir, sans jamais trouver le bonheur !

LE MARQUIS.

Et comment le trouver, madame, si l'on ne prend pas son cœur pour guide ?

LA COMTESSE.

Vous avez raison, monsieur le marquis. Mais qu'avez-vous donc aujourd'hui ? Je vous trouve l'air inquiet.

LA MARQUISE.

Pardonnez-lui : il est entièrement occupé de sa reconnoissance et du desir de vous plaire.

LA COMTESSE.

Il est un sûr moyen de plaire ; c'est de savoir aimer.

LE MARQUIS.

Ah ! madame, cela s'apprend bien vîte ; et la premiere leçon ne s'oublie jamais.

LA MARQUISE, *à la comtesse.*

Voilà ce qu'il m'a dit la premiere
fois qu'il vous a vue.

## SCENE XI.

LES MÉMES, LE MAÎTRE-D'HÔTEL.

LE MAÎTRE-D'HÔTEL.

Madame la marquise est servie.

LA MARQUISE.

Allons nous mettre à table ; ensuite
j'aurai bien des choses à vous dire.

FIN DU SECOND ACTE.

# ACTE III.

## SCENE PREMIERE.

### LA COMTESSE, DURVAL.

**LA COMTESSE.**

Qu'est-ce donc , monsieur Durval, que cet homme de loi qui vient de demander la marquise et son fils ? Auroit-elle un procès ?

**DURVAL.**

Non , madame ; c'est une discussion fort peu intéressante, une affaire de rien : soyez sûre que madame la marquise n'est occupée dans ce moment que du bonheur de vous avoir pour sa fille.

**LA COMTESSE.**

J'espere que ce mariage fera ma félicité. Cependant je suis bien mécon-

tente du marquis ; lui que j'ai toujours vu d'une gaieté charmante , il
est d'un sérieux qui me glace; il a
l'air de m'épouser malgré lui. Je vous
assure que , sans mon extrême amitié pour sa mere, je retirerois ma parole.

DURVAL.

Il faut pardonner à son âge une
timidité que vous prenez pour de la
froideur. Son respect pour vous gêne
ses sentiments ; il n'ose pas encore
vous dire qu'il vous aime , et il est
distrait par le plaisir de le penser.

LA COMTESSE.

J'ai bien peur , monsieur Durval,
que vous n'ayez besoin de tout votre
esprit pour le défendre.

# SCENE II.

## LA COMTESSE, LE MARQUIS, LA MARQUISE, DURVAL.

### LE MARQUIS.

Non, ma mere, non; je ne puis me taire.

### LA MARQUISE.

Mais, mon fils, arrêtez; tout n'est pas perdu.

### LE MARQUIS.

Tout le seroit si j'étois assez vil pour cacher notre malheur. ( à la comtesse. ) Madame, ma mere avoit un procès d'où dépendoit toute sa fortune : il vient d'être jugé ; et nous l'avons perdu.

### DURVAL.

Ah ciel !

### LA COMTESSE.

Comment ! toute votre fortune?

LE MARQUIS.

Il ne nous reste rien au monde que
des dettes.

LA MARQUISE.

Le malheur n'est pas si grand qu'il
vous le dit. Si vous êtes assez notre
amie pour nous obtenir l'appui de
votre famille, il est impossible...

LA COMTESSE.

Vous ne doutez sûrement pas, madame, du vif intérêt que vous m'in-
spirez : mais un procès n'est pas une
affaire de faveur; personne n'est assez
puissant pour en imposer aux loix.
D'ailleurs, à mon âge et dans ma po-
sition, je ne peux guere solliciter pour
monsieur le marquis; on interpréte-
roit mal...

LA MARQUISE.

L'amitié et les engagements qui
nous lient, sont des titres plus que
suffisants...

LA COMTESSE.

Je voudrois de tout mon cœur vous être utile ; mais nos engagements sont au moins reculés. Je ne me plaindrai point du mystere que vous m'avez fait ; je vois avec douleur que je ne peux vous être bonne à rien, et que dans un moment aussi cruel vous avez besoin de solitude.

( Elle lui fait une grande révérence, et sort. )

## SCENE III.

LE MARQUIS, LA MARQUISE, DURVAL.

LA MARQUISE.

Est-ce bien elle ! elle qui me juroit hier encore une éternelle amitié, qui vouloit tout quitter, tout abandonner pour vivre avec moi, pour devenir ma fille ! Ah ! monsieur Durval, n'en êtes-vous pas indigné ?

DURVAL.

Comment, madame! en perdant ce procès, vous perdez toute votre fortune?

LA MARQUISE.

Hélas! je n'avois d'autre bien que cette succession : je ne crains pas de vous ouvrir mon cœur, vous êtes le seul ami qui me reste.

DURVAL, à part.

Ce procès me ruine aussi.

LA MARQUISE.

Donnez-moi vos conseils.

DURVAL.

Il n'y en a plus quand on est sans ressource. D'ailleurs, je suis aussi à plaindre que vous ; je ne dois plus compter sur les promesses que vous m'avez faites ; j'ai perdu mon temps dans votre maison.

LE MARQUIS.

Hâtez-vous donc d'en sortir, monsieur, puisque notre fortune étoit le seul lien qui vous attachoit à nous.

DURVAL.

Mais...

LE MARQUIS.

Ne cherchez point de vaines excu-
ses, nous ne valons plus la peine que
vous vous déguisiez.      (Durval sort.)

SCENE IV.

LE MARQUIS, LA MARQUISE.

LE MARQUIS.

Eh bien ! ma mere, les voilà, ces
amis sur lesquels vous osiez compter !
Vous voyez...

## SCENE V.

### LE MARQUIS, LA MARQUISE, L'ÉPINE.

L'ÉPINE.

MONSIEUR le marquis m'excusera bien si je prends la liberté de lui demander si ce que l'on dit est vrai.

LE MARQUIS.

Quoi?

L'ÉPINE.

Monsieur, c'est votre procès : on assure qu'il est perdu, et que monsieur le marquis est ruiné.

LE MARQUIS.

Cela n'est que trop vrai; laissez-nous.

L'ÉPINE, à part.

Oh! c'est bien mon projet. (haut.) Mais, monsieur...

LEMARQUIS.

Eh bien?

L'ÉPINE.

Monsieur le marquis ne gardera peut-être pas de domestique ; et je sais une maison où je pourrois entrer : voilà pourquoi, si c'étoit un effet de votre bonté de me mettre à la porte en me payant , je vous serois fort obligé.

LEMARQUIS.

L'Épine , ce soir vous serez payé , et libre d'aller où vous voudrez : sortez.

L'ÉPINE.

Oh! je ne suis pas inquiet , monsieur ; mais...

LEMARQUIS.

Mais jusques-là je suis votre maître ; sortez, ne me le faites pas répéter.

L'ÉPINE, s'en allant.

Il faut qu'il ait encore de l'argent, car il est fier.

## SCENE VI.

### LE MARQUIS, LA MARQUISE.

#### LE MARQUIS.

Du courage, ma mere ! la bassesse de ceux que vous avez crus vos amis doit vous consoler. Puisqu'ils n'aimoient que vos richesses, ce sont eux qui les ont perdues ; et nous y gagnerons le bonheur de vivre pour nous. Cependant, ne négligeons aucun des moyens qui nous restent : vous avez d'autres amis ; Darmont m'a toujours paru vous être véritablement attaché...

#### LA MARQUISE.

Oui, mon fils ; j'ai été assez heureuse pour lui rendre de grands services : je vais mettre sa reconnoissance à l'épreuve.               (Elle sort.)

## SCENE VII.

### LE MARQUIS, seul.

Moi je vole chez Colin ; c'est à lui que je veux tout devoir.... Mais Colette, Colette qui croit que je l'ai trompée, qui s'est retirée sans vouloir m'entendre, ne pensera-t-elle pas que c'est l'indigence qui me ramene à ses pieds ? Ce doute est affreux, et me retient malgré moi. Que je suis malheureux ! Je n'oserai plus lui dire que je l'aime.... Ô ciel ! voilà Colin ; comment oser lui parler !

## SCENE VIII.

LE MARQUIS ; COLIN , un papier à la main.

### COLIN.

Vous ne comptiez plus me revoir ;
rassurez-vous , c'est la derniere fois.
Je ne viens point troubler les apprêts
de votre mariage , je ne viens point
vous reprocher votre fortune et votre
bonheur. J'ai voulu vous rendre moi-
même cette promesse que ma sœur
eut la foiblesse d'accepter ; j'ai voulu
briser de ma main tous les liens qui
nous attachoient l'un à l'autre ; vous
êtes libre , et vous serez heureux : je
vous estime assez peu pour en être sûr.

LE MARQUIS , à part.

Quel langage ! et je l'ai mérité !

### COLIN.

Vous craignez de rougir en reprenant ce papier ? Vous n'avez pourtant pas rougi, lorsqu'avec un air de franchise et de tendresse, ici, à cette même place, vous nous demandiez pardon ; vous parliez à ma sœur de mariage et d'amour, tandis que vous aviez tout conclu pour en épouser une autre demain. Allez : l'homme capable d'une ruse aussi indigne doit tirer vanité de n'être ému de rien : osez me regarder, c'est à moi de rougir.

LE MARQUIS, après une pause.

Oui, vous avez raison. J'ai pu vous cacher un mariage... qui ne se seroit pas fait ; il est juste que j'en sois puni. Rendez - moi cette promesse ; (il la prend.) c'est le seul bien qui me reste : mais j'en suis indigne, il faut y renoncer. (Il la déchire.) Allez, abandonnez un malheureux qui ne mérite que votre mépris. Mais hâtez-vous de l'abandonner : si vous saviez combien il est à plaindre, peut-être...

COLIN.

Vous, à plaindre ! Et tout succede à vos vœux : vous épousez, dit-on, une femme de qualité dont le crédit doit vous porter au comble des honneurs ; vous jouissez d'une fortune immense ; votre mere vous idolâtre ; tout ce qui vous entoure n'est occupé que de vous plaire ; rien ne peut altérer tant de bonheur. Le seul souvenir d'un ami et d'une maîtresse que vous avez trompés, pourroit vous importuner dans vos plaisirs : mais vous n'entendrez jamais parler d'eux ; et dans la classe où vous allez monter, on oublie aisément les malheureux qu'on a faits.

LE MARQUIS.

C'en est trop, Colin ; respectez mon malheur : apprenez...

## SCENE IX.

### LE MARQUIS, COLIN, COLETTE.

#### COLETTE, accourant.

Ah! mon frere, ils ont perdu tous leurs biens; vous l'ignorez, et j'accours pour vous empêcher d'insulter à leur infortune.

#### COLIN.

Comment, ma sœur? expliquez-vous.

#### COLETTE.

Leur malheur est déja public : un procès les a dépouillés de toutes leurs richesses; ils sont réduits à la plus affreuse indigence.

#### LE MARQUIS.

Oui; et je regrette peu tout ce que j'ai perdu : mon plus grand malheur, celui qui me touche le plus, c'est que vous me croyez coupable ; et j'ai trop d'intérêt à vous paroître innocent pour que j'ose me justifier.

COLETTE.

Vous justifier ! croyez-moi, épargnez-vous ce soin : on ne trompe qu'une fois celle qui ne méritoit pas d'être trompée. Mais vous êtes malheureux, je viens supplier mon frere de vous secourir. Oui, mon frere, il n'a offensé que moi ; il n'a manqué qu'à l'amour, l'amitié doit l'ignorer. Tu serois cent fois plus coupable que lui si tu l'abandonnois ; car il me restoit mon frere, et que lui resterat-il ? Sa maison est déja déserte ; tout le monde le fuit. Mon frere, tu seras son appui, tu le tireras de l'infortune ; et mon cœur te paiera de tes bienfaits, en ajoutant à ma tendresse pour toi toute celle que j'avois pour lui.

LE MARQUIS.

Colette, vous déchirez mon cœur et vous l'enflammez. Non, je ne vous ai pas trompée ; dès l'instant où je vous ai vue, j'étois résolu de rompre ce mariage. Si je vous l'ai caché, c'étoit pour ne pas paroître si coupable ; c'étoit pour ne pas vous affliger.

COLETTE.

Si vous aviez jamais aimé, vous sauriez que la plus affreuse nouvelle n'afflige pas autant que le plus léger manque de confiance.

LE MARQUIS.

Eh bien ! Colette, décidez de mon sort. Je suis au comble du malheur : sans ressource, abandonné de tout le monde, je n'ai d'appui que vous seule. Rendez-moi votre cœur, j'accepte vos bienfaits : mais si vous ne m'estimez pas, si vous ne m'aimez plus, vous avez perdu le droit de m'être utile ; je ne veux rien vous devoir.

COLETTE.

Quoi ! vous voulez...

LE MARQUIS.

Je veux mourir, ou être aimé de vous : cette volonté ne m'est pas nouvelle.

COLETTE, *après une pause.*

Mon frere, si nous l'abandonnons, personne ne viendra le secourir.

LE MARQUIS.

Point de pitié, Colette ; ce sentiment est affreux quand il succede à l'amour. Haïssez-moi, ou pardonnez-moi comme vous me pardonniez autrefois.

COLETTE, *le regardant.*

Ah ! que l'infortune vous va bien ! Depuis que vous êtes malheureux, vous ressemblez bien davantage à ce Jeannot que j'ai tant aimé.

LE MARQUIS.

Je n'ai jamais cessé de l'être : mon cœur vous en répond ; il est à vous, ce témoin-là, il ne peut vous mentir.

COLETTE.

Si j'étois bien sûre...

SCENE X.

LE MARQUIS , COLIN , COLETTE ,<br>LA MARQUISE.

LA MARQUISE.

Mon fils, tout est perdu : je viens de chez un ingrat qui me doit tout ; il n'a pas même voulu me recevoir. Que devenir ? Il ne me reste plus rien sur la terre.

COLIN.

Ah ! madame, pourquoi oubliez-vous qu'il vous reste Colin ? Ma sœur et moi nous avons éprouvé aujourd'hui une douleur plus vive que celle qui vous accable : vous ne perdez que votre fortune ; et nous avons craint

3.                         7

d'avoir perdu nos amis. C'est à vous,
madame, à nous prouver notre injustice; c'est à vous à consoler nos cœurs
en acceptant tout ce que nous pos-
sédons.

LE MARQUIS.

J'en étois sûr, Colin. Oui, ma mère,
voilà votre ami, votre bienfaiteur;
c'est à lui que mon cœur vous con-
fie : quant à moi, il m'est impossible
de partager le bonheur que vous promet son amitié.

LA MARQUISE.

Qu'entends-je, mon fils? Tu veux
me quitter?

LE MARQUIS, montrant Colette.

Elle ne m'aime plus ; elle croit que
je l'ai trompée.

LA MARQUISE.

Vous, Colette ! Et c'est pour vous
seule qu'il osoit me désobéir ; c'est
pour vous...

COLETTE.

N'achevez pas, c'est lui que je veux croire. Oui, je suis sûre de ton cœur: et je ne te rends pas le mien ; jamais je n'ai pu te l'ôter. Ta Colette est aujourd'hui bien plus heureuse que toi, puisque c'est elle enfin qui fera ton bonheur.

( Le marquis tombe à ses pieds , et se tourne vers Colin. )

LE MARQUIS.

Et toi, es-tu mon frere ?

COLIN l'embrasse.

Il y a long-temps. (à la marquise. ) Madame, nous étions destinés à ne faire qu'une famille ; souffrez que votre fils épouse ma sœur, et que tout mon bien lui serve de dot.

LA MARQUISE.

Ah ! Colin , quelle vengeance ! et combien vous êtes au-dessus de moi !

COLIN.

Vous vous trompez, puisque c'est vous qui êtes malheureuse.

LE MARQUIS.

Eh ! ma mere, dites donc bien vîte que vous me donnez à Colette.

LA MARQUISE.

Hélas ! mes enfants, c'est moi qui me donne à vous. Mais comment pourrai-je réparer jamais...

COLETTE.

Ah ! ma mere, si vous saviez combien je vous dois pour le plaisir de vous appeller ma mere !

COLIN.

J'ai ici de quoi vous acquitter avec vos créanciers. Nous donnerons à ta mere, mon cher Jeannot, ton patrimoine d'Auvergne; la dot de ta femme restera dans mon commerce, que je ne ferai plus que pour vous deux. (à la marquise. ) Approuvez-vous ce que je lui propose ?

**LA MARQUISE.**

Je vous devrai, Colin, bien plus
que vous ne pensez ; vous m'avez appris que le bonheur n'est pas dans
la vanité, et que la vertu seule vient
au secours de l'infortune.


# FIN.

# LES JUMEAUX

## DE

# BERGAME,

## COMÉDIE

EN UN ACTE ET EN PROSE;

Représentée pour la premiere fois par les Comédiens Italiens ordinaires du Roi, le mardi 6 août 1782.

# PERSONNAGES.

Arlequin.

Arlequin cadet.

Rosette.

Nérine

La scene est à Paris, dans une place publique,
où est la maison de Rosette. A la porte de cette
maison doit être un banc de pierre.

F. M. Queverdo Inv. Del.        Dembram Sculp.

Daigne écouter l'amant fidele et tendre.

# LES JUMEAUX

# DE BERGAME,

## COMÉDIE.

## SCENE PREMIERE.

### ARLEQUIN, NÉRINE.

#### NÉRINE.

Je te suivrai par-tout.

#### ARLEQUIN.

Comme il vous plaira; la rue est libre.

#### NÉRINE.

Je saurai ce que tu fais, et où tu vas.

#### ARLEQUIN.

Vous ne saurez rien; car je vais rester ici à ne rien faire.

**NÉRINE.**

Mais dis-moi, je t'en supplie...

**ARLEQUIN.**

Quoi?

**NÉRINE.**

Tu es bien sûr que je t'aime.

**ARLEQUIN.**

Oui.

**NÉRINE.**

Et toi, m'aimes-tu ?

**ARLEQUIN.**

Non.

**NÉRINE**, en colere.

Et tu penses, perfide?...

**ARLEQUIN.**

Un moment, mademoiselle Nérine : êtes-vous capable de m'écouter
une minute de sang-froid?

**NÉRINE.**

Oui, oui ; parle, parle : je t'écoute ;
je suis curieuse de savoir comment
tu pourras t'excuser de cette indifférence, de cette froideur qui fait le

malheur de ma vie ; comment tu
pourras me persuader.... Mais parle
donc, je t'écoute tranquillement.

ARLEQUIN.

Je le vois bien ; mais votre tran-
quillité me fait peur.

NÉRINE.

Allons, explique-toi, justifie-toi ;
parle-moi donc.

ARLEQUIN.

Soyez juste, mademoiselle Nérine :
vous savez bien que de ma vie je ne
vous ai parlé d'amour ; d'après cela...

NÉRINE, très vivement.

Tu ne m'en as jamais parlé, scélérat? tu ne m'en as jamais parlé ? Te
souvient-il des premiers temps que
tu étois dans la maison? Comme tu
volois au-devant de ce qui pouvoit
me plaire ! comme tu t'empressois
de faire tout l'ouvrage que je devois
partager ! Tu ne m'abordois jamais
qu'avec cet air doux et tendre que tu

prends si bien quand tu veux, monstre ; et tu n'appelles pas cela de l'amour ! Dis plutôt que j'ai cessé de te plaire ; dis-moi qu'une autre plus heureuse m'a enlevé ton cœur. Mais ne te flatte pas que l'on m'ôtera impunément mon bien : non, traître, non, perfide ; je me vengerai, sois-en sûr ; je punirai ton mépris : et puisque l'amour le plus tendre n'a fait de toi qu'un ingrat, je mériterai ton indifférence en m'occupant de te haïr comme je m'occupois de t'aimer.

ARLEQUIN.

Si vous m'écoutez toujours comme cela, jamais vous ne m'entendrez.

NÉRINE.

Mais parle donc, défends-toi ; profite de ce moment de calme.

ARLEQUIN.

Vous savez bien, mademoiselle Nérine, qu'il y a six mois que j'entrai au service de vos maîtres.

NÉRINE.

Après, après, après.

ARLEQUIN.

En arrivant dans votre maison, je m'occupai de gagner l'amitié de tout le monde ; vous fûtes avec moi plus polie que personne, je fus plus honnête avec vous. Petit à petit, votre politesse est devenue de l'amour ; ce n'est pas ma faute : vous ne m'avez pas consulté ; car si vous l'aviez fait, je vous aurois dit : Mademoiselle Nérine, je ne vaux pas la peine d'être aimé de vous ; je suis retenu.

NÉRINE.

Comment ! Que veux-tu dire ? Et tu crois...

ARLEQUIN.

Continuons à causer paisiblement. Oui, mademoiselle, j'en aime une autre ; je l'aimois avant de vous connoître : sans cela, peut-être auriez-vous eu la préférence. Vous voyez que

3.                                8

je suis toujours poli; devenez raison-
nable , mademoiselle Nérine. Que
diable! je ne vous ai jamais fait de
mal , moi ; pourquoi m'aimez-vous?

NÉRINE , dans la derniere fureur.

Eh bien! puisque tu le veux, puisque tu le desires, tu peux compter
sur la haine la plus implacable. Dès
aujourd'hui, je te défends de me parler, de me regarder , de jamais te trouver dans les lieux où je serai. Perfide! je te prouverai que tu ne méri-
tois pas une femme comme moi. Et
ne t'imagine pas que tu pourras rire
avec ta nouvelle maîtresse , et te mo-
quer de mes chagrins : non , non; je
saurai me venger. (Elle lui fait faire le tour
du théâtre. ) Je découvrirai ma rivale, je
vous poursuivrai tous les deux, j'al-
lumerai ta jalousie et la sienne, je
vous brouillerai, je vous rendrai malheureux l'un par l'autre , je ferai de
votre ménage un enfer; et ton tour-

ment sera la seule occupation et le seul plaisir de ma vie. Adieu.

( Elle sort. )

---

## SCENE II.

**ARLEQUIN**, seul.

CETTE femme-là a une maniere de s'attendrir à laquelle je ne peux pas m'accoutumer ; je tremble comme la feuille toutes les fois qu'elle me parle de tendresse. Ah ! que Rosette est différente ! Quand je suis près d'elle, je ne tremble jamais de rien, que de ne pas lui plaire assez. Heureusement, je dois l'épouser demain : eh bien ! malgré notre mariage, je sens que j'aurai toujours cette frayeur-là. Mais la voici. ( Rosette sort de sa maison, avec une boîte à portrait à la main. )

## SCENE III.

### ROSETTE, ARLEQUIN.

#### ROSETTE.

Bon jour mon ami ; je t'attendois avec impatience. Jamais je ne me suis tant ennuyée qu'aujourd'hui ; c'est sans doute parceque je dois t'épouser demain, et que la veille d'un beau jour est bien longue.

#### ARLEQUIN.

Je suis comme toi, ma bonne amie. J'ai beau écouter l'horloge à toutes les minutes, il ne sonne que toutes les heures ; et quand nous sommes ensemble, ce drole-là sonne les heures à toutes les minutes.

#### ROSETTE.

J'espere que notre mariage ne réglera pas cette horloge.

**ARLEQUIN.**

Que tiens-tu là? Voyons, montre vîte; je suis pressé. Pour qui cela?

**ROSETTE.**

C'est pour toi; car c'est moi.

**ARLEQUIN**, regardant le portrait.

Comment! Oui, c'est toi. Tu es là, (il montre le portrait); tu es là, ( il montre Rosette); tu es ici, (il montre son cœur): tu es par-tout. Je ne m'étonne plus si je te vois par-tout.

**ROSETTE.**

Mon ami, depuis long-temps je t'ai donné mon cœur; aujourd'hui voilà mon portrait, et demain je serai ta femme.

**ARLEQUIN**, regardant le portrait.

Qu'il est joli! C'est un peintre qui a fait cela, ma bonne amie; j'en suis fâché: il est sûrement amoureux de toi, ce peintre-là; car il faut regarder quelqu'un pour le peindre. Oh! c'est bien toi. (Il le baise.) Plus je l'embrasse,

plus j'ai envie de t'embrasser... Mais
non, je dois t'épouser demain; je n'ai
jamais volé personne, il ne faut pas
commencer par moi. ( Il veut mettre le
portrait dans sa poche. )

ROSETTE.

Rends-moi ce portrait, mon ami;
le peintre m'a demandé d'y retoucher
encore; c'est l'affaire d'un moment:
si tu veux venir avec moi, tu l'em-
porteras tout de suite.

ARLEQUIN lui rend le portrait.

Non; il faut que je m'en aille, car
mon maître m'attend pour que je lui
rende ses clefs. Nous avons eu une
querelle ensemble : il m'a refusé la
permission de me marier; je lui ai
dit qu'il n'avoit qu'à chercher un autre domestique. Il s'est emporté, et
m'a mis à la porte sans vouloir me
payer mes gages.

ROSETTE.

Sois tranquille; je suis riche, et demain ma fortune et ma main seront à toi. Va finir tes affaires, et reviens chercher ce portrait avant la nuit.

ARLEQUIN.

Je n'y manquerai pas. Ce qui me fâche le plus de la colere de mon maître, c'est que je comptois lui donner à ma place mon frere jumeau qui est en Italie. Je lui ai écrit, dans cette intention, de venir tout de suite me joindre à Paris. Il arrivera un de ces matins, et je ne saurai comment le placer.

ROSETTE.

Nous aurons soin de lui, ne t'en inquiete pas.

ARLEQUIN.

Oh! je suis bien sûr que mon frere te plaira. Il est charmant, toujours gai, toujours de bonne humeur; et puis nous nous ressemblons si parfaitement, qu'il est très difficile de nous distinguer. Tout bien réfléchi,

je suis bien aise qu'il ne soit pas encore arrivé ; car tu aurois fort bien
pu l'épouser à ma place , sans t'en
douter.

ROSETTE.

Non, mon ami : celui qu'on aime
n'a point de jumeau. Mais tu oublies
que ton maître t'attend.

ARLEQUIN.

A propos ; sûrement il m'attend :
il faut que je m'en aille. Adieu , ma
bonne amie. Tâche de faire dépêcher
ce peintre. (Il s'en va.)

ROSETTE.

Oui , oui ; adieu.

ARLEQUIN revient.

Ma bonne amie, n'oubliez pas que
c'est aujourd'hui la veille de demain.

ROSETTE.

Sois tranquille , et va-t'en.

ARLEQUIN.

Oh ! je m'en vais : adieu. (Il revient.)
Ma bonne amie, vous ne savez pas ;

j'ai une peur terrible de mourir avant
d'être à demain. Si je mourois, cela
romproit-il notre mariage ?

ROSETTE.

Si cela t'arrive, je te promets de
mourir aussi. Es-tu content ?

ARLEQUIN.

Oh ! c'est trop : pourvu que je te
voie me regretter, cela me suffit.

ROSETTE.

Mais veux-tu bien partir ?

ARLEQUIN.

Me voilà parti ; adieu, ma chere
Rosette. ( Il lui baise la main, et ôte son cha-
peau au portrait, en disant : ) Adieu, monsieur mon ami.

## SCENE IV.

#### ROSETTE, seule.

Comme il m'aime ! Comme je suis heureuse ! Allons vîte faire achever ce portrait ; et puisqu'il perd à cause de moi tout ce que lui doit son maître, je mettrai dans la boîte tout l'argent dont je peux disposer. Le plaisir le plus vif de l'amour, c'est de donner à celui qu'on aime. ( Rosette sort ; et l'on entend derriere la scene Arlequin cadet chanter : on le voit paroître avec une guitare sur le dos. )

## SCENE V.

ARLEQUIN CADET, seul.

(Il chante.)

Toujours joyeux, toujours content,
  Je sais braver la misere;
  Pour la rendre plus légere
  Je la supporte en chantant.
Souvent la vie est importune;
J'ai mon fardeau, chacun le sien :
Ma gaîté, voilà ma fortune;
Ma liberté, voilà mon bien.

D'un an de peine et de chagrin
Un court plaisir me dédommage;
Quand je suis au bout du voyage,
Je ne songe plus au chemin.
Du sort je crains peu l'inconstance;
Tantôt du mal, tantôt du bien;
Travail, repos, plaisir, souffrance,
Je ne refuse jamais rien.

J'ai beau chanter, je ne peux pas oublier que je meurs de faim. Mais il faut que mon frere soit fou ; il m'écrit à Bergame de le venir joindre à Paris, et il oublie de me donner son adresse. J'ai déja demandé à plus de cent personnes où demeure monsieur Arlequin, domestique ; ils me répondent tous par des éclats de rire. On aime beaucoup à rire dans ce pays-ci. Oh ! je rirai aussi, moi ; mais quand j'aurai dîné. On a beau dire que l'on s'accoutume à tout ; voilà plus de trois jours que j'ai faim, et je ne peux pas m'y accoutumer. Allons, du courage ; peut-être ferai-je fortune ici : je montrerai l'italien, je sais jouer de la guitare ; voilà de quoi se pousser dans le monde. D'ailleurs, j'ai oui dire qu'en France on préfere toujours quelqu'un de médiocre, quand il est étranger, à un homme de mérite qui n'est que du pays : je suis étranger ; je serai fortune. En attendant, je voudrois bien trouver mon frere. Il me vient une idée : je vais frapper à toutes les portes que je verrai ; je finirai sûrement par trouver mon frere. Voyons, commençons par celle-ci. ( Il frappe à la porte de Rosette ; Rosette vient derriere lui. )

## SCENE VI.

### ROSETTE, ARLEQUIN CADET.

#### ROSETTE.

Ne frappe pas si fort ; tiens, voilà mon portrait, il est achevé. ( Elle lui donne la boîte. ) Je n'ai pas le temps de causer avec toi ; la nuit vient, il faut que je rentre dans ma maison. Je t'attendrai demain à huit heures ; notre mariage sera pour neuf. Adieu, mon ami : d'ici là, pense toujours à Rosette. ( Elle rentre, et laisse Arlequin cadet stupéfait, avec la boîte à la main. )

## SCENE VII.

ARLEQUIN CADET, seul.

On m'avoit bien dit que les demoi-
selles de Paris étoient fort prévenan-
tes ; mais, par ma foi, je n'aurois jamais cru que ce fût à ce point-là.
(Il regarde le portrait. ) Elle est jolie, mademoiselle Rosette ! Mais cette boîte
me semble bien lourde... (Il l'ouvre. )
Des louis d'or ! Elle est charmante,
mademoiselle Rosette ! La fortune ne
m'a pas fait attendre long-temps dans
ce pays-ci. A peine débarqué, je
trouve une jolie fille et de l'argent.
(Il compte les louis d'or. ) Un, deux, trois,
cinq... Plus j'y pense, plus je la trouve aimable ; dix, neuf, sept.... Oh !
mon cœur est pour jamais à mademoiselle Rosette. (Ici Nérine arrive, et vient
doucement derriere Arlequin cadet, en l'écoutant
parler : celui-ci, après avoir remis l'argent dans la
boîte, s'adresse au portrait. )

## SCENE VIII.

### ARLEQUIN CADET, NÉRINE.

ARLEQUIN CADET.

Oui, charmante Rosette, de toute mon ame je vous épouserai demain ; je vous aimerai, qui plus est : vous avez des manieres si séduisantes, que jamais... (*Nérine lui arrache la boîte avec fureur.*)

NÉRINE.

Enfin je te connois, monstre !

ARLEQUIN CADET.

Bon !

NÉRINE.

Je connois ma rivale. C'est donc Rosette que tu me préferes ? c'est Rosette que tu épouses demain ?

ARLEQUIN CADET, à part.

Tenez ! l'on sait déja mon mariage.

 ## SCENE VIII.

(*haut.*) Oui, mademoiselle : est-ce une raison pour me prendre mon bien ?

NÉRINE.

Ton bien , ton bien , scélérat !..... Je ne sais qui me tient que je ne t'arrache les yeux. Perfide ! ton bien étoit le cœur de Nérine qui t'adoroit , qui n'aimoit que toi , dont la félicité dépendoit de toi seul ; ingrat ! tu le méprises , tu comptes pour rien mon amour , mes larmes , mon désespoir ! Rien ne m'arrête plus ; il est temps de venger mes injures. (*Elle le prend à la gorge, et le secoue rudement.*) Il est temps d'étouffer le sentiment qui m'a retenue jusqu'ici. Tu te repentiras de m'avoir trahie , tu gémiras de m'avoir perdue ; je veux te voir à mes genoux me demander pardon , pleurer, mourir de douleur , et je n'en serai que plus inflexible. (*Elle le jette contre une coulisse , et s'en va.*)

## SCENE IX.

### ARLEQUIN CADET, seul.

Eh bien! elle emporte la boîte... Oh eh, mademoiselle! oh eh, rendez au moins les louis d'or! Elle ne m'écoute pas : courons après, et tâchons de rattraper mon argent. C'est un singulier pays que celui-ci ! On vous donne d'une main, et l'on vous reprend de l'autre.

*( Il sort ; Arlequin arrive du côté opposé. )*

## SCENE X.

### ARLEQUIN, seul.

Grace au ciel, me voilà libre, et je n'aurai plus à obéir qu'à ma chere Rosette. Ah ! que c'est différent d'avoir un maître ou une maîtresse ! Cela ne devroit pas s'appeller de même...... Frappons à sa porte.

*(Il frappe.)* 9.

## SCENE XI.

ARLEQUIN, ROSETTE à la fenêtre.

ROSETTE.

Qui est là?

ARLEQUIN.

C'est moi.

ROSETTE.

Que veux-tu?

ARLEQUIN.

Belle demande! le portrait.

ROSETTE.

Quel portrait?

ARLEQUIN.

Comment, quel portrait! Le tien.
Y en a-t-il deux dans le monde?

ROSETTE.

Tu l'as dans ta poche.

ARLEQUIN.

Je l'ai dans ma poche! et qui l'y auroit mis? (Il se fouille.)

ROSETTE.

C'est toi ; je te l'ai donné il n'y a
pas un quart d'heure.

ARLEQUIN.

Tu me l'as donné ?

ROSETTE.

Sans doute.

ARLEQUIN.

A moi ?

ROSETTE.

A toi-même : l'as-tu déja oublié ?

ARLEQUIN.

Écoutez, ma bonne amie, c'est
sûrement moi qui ai tort ; car il est
impossible que vous n'ayez pas raison : mais on ne s'entend jamais bien
à cinq ou six toises l'un de l'autre ;
faites-moi le plaisir de descendre, je
vous en prie.

ROSETTE.

Très volontiers ; ce ne sera pas
pour long-temps, car voilà la nuit.

( Elle descend. )

ARLEQUIN, à part.

Que veut-elle dire? Je sais fort bien que je n'ai pas plus de mémoire qu'un lievre ; mais je n'oublie jamais ce qu'on me donne.

ROSETTE.

Eh bien ! me voilà : que veux-tu ?

ARLEQUIN.

Je veux mon portrait : vous me l'avez promis ; il faut tenir sa parole.

ROSETTE.

Mais elle est acquittée ma parole; et tu sais bien...

ARLEQUIN.

Allons, allons, mademoiselle Rosette, finissons cette plaisanterie ; je n'aime point du tout qu'on badine sur ces choses-là. Quand on est amoureux tout de bon, ce n'est pas pour rire, mademoiselle.

ROSETTE.

Quoi ! sérieusement, tu veux me soutenir que je ne t'ai pas donné mon portrait?

**ARLEQUIN.**

Non, sans doute, vous ne me l'a-
vez pas donné : vous m'avez dit de
le venir reprendre avant la nuit, et
je ne vous ai pas revue depuis ce moment.

**ROSETTE.**

Arlequin...

**ARLEQUIN.**

Après ?

**ROSETTE.**

Avez-vous envie de me fâcher ?

**ARLEQUIN.**

Comment pourrois-tu le croire ?
Tu sais bien que j'en ai tremblé toute
ma vie.

**ROSETTE.**

Eh bien ! mon ami, finissons : songe à ce que tu m'as dit si souvent,
que jamais il n'y auroit de querelle
dans notre ménage ; voudrois - tu
manquer à ta promesse dès la veille ?
Je ne l'ai pas mérité ; j'ai fait pour

toi tout ce que j'ai pu faire. tu desi-
rois mon portrait, je te l'ai donné
avec autant de plaisir que tu m'en as
marqué en le recevant. Tu l'as, garde-
le : n'en parlons plus, et je te souhaite
le bon soir.

(Elle veut s'en aller, Arlequin la retient.)

ARLEQUIN.

Ma bonne amie...

ROSETTE.

Eh bien ?

ARLEQUIN.

Il est possible que l'amour, le bonheur de vous épouser demain, me
troublent la cervelle : si cela est, vous
devez avoir pitié du mal que vous
m'avez fait. Redites-moi donc par
amitié, par complaisance, dans quel
endroit, quand et comment vous
avez eu tant de plaisir à me donner
ce portrait.

ROSETTE.

Ici, il n'y a pas un quart d'heure :

je revenois de chez le peintre, je t'ai
trouvé frappant à ma porte ; je t'ai...

ARLEQUIN.

Moi, je frappois à votre porte?

ROSETTE.

Sans doute. Je t'ai donné la boîte
où étoit le portrait : et comme tu
m'avois dit que ton maître te refu-
soit ce qu'il te doit, j'ai mis dans la
boîte le peu d'argent que je possé-
dois.

ARLEQUIN.

Comment ! vous avez mis de l'argent dans la boîte ?

ROSETTE.

Oui, mon ami : en serois-tu fâché?

ARLEQUIN.

Ni fâché ni bien-aise ; cela ne fait
rien à la ressemblance. Ensuite ?

ROSETTE.

Ensuite ; voilà tout.

ARLEQUIN.

Et tout cela est vrai ?

ROSETTE, *émue.*

Comment ! si cela est vrai !

ARLEQUIN.

Et où l'ai-je mise cette boîte ?

ROSETTE.

Je l'ai laissée dans vos mains. Auriez-vous le projet de rompre avec
moi, en me niant tout ce que je viens
de dire ?

ARLEQUIN, *cherchant dans sa poche.*

Oh ! non, ma bonne amie : oh !
mon dieu, non. Je t'aime trop pour
ne pas te croire plus que je ne me
crois moi-même. C'est singulier; voilà
tout.

ROSETTE, *plus émue.*

Quoi! vous ne vous souvenez pas...

ARLEQUIN.

Si fait, si fait, ma bonne amie, je
m'en ressouviens à présent, je m'en
ressouviens à merveille. Je vous remercie de votre complaisance, et
*(il soupire.)* du portrait que vous m'a-

vez donné : je ne le perdrai pas, c'est
bien sûr.

ROSETTE.

En vérité, mon ami, je crois que
ta tête est un peu troublée : mais cela
ne peut me déplaire, et je souhaite
de ne te voir jamais plus sage. Adieu,
mon ami ; il fait nuit tout-à-fait, je
me retire. A demain ; tu ne l'oublieras
pas, j'espere ?

ARLEQUIN.

Non, sans doute ; et je vous réponds
de ne pas me faire attendre. (Elle rentre
chez elle : il fait nuit tout-à-fait. )

---

## SCENE XII.

ARLEQUIN, seul.

Il est clair que le diable se mêle de
mes affaires, et que c'est lui qui m'a
escamoté mon portrait. Or, comme
il pourroit fort bien m'escamoter aussi

Rosette, je m'en vais me coucher à sa porte, et attendre le bienheureux jour de demain. Je ne bouge pas d'ici; ( *Il s'assied à la porte de Rosette.* ) je ne ferme pas l'œil de toute la nuit : je m'en vais garder ma maîtresse, comme j'aurois dû garder son portrait ; et nous verrons qui sera le plus fin du diable ou de l'amour.

## SCENE XIII.

### ARLEQUIN, ARLEQUIN CADET.

ARLEQUIN CADET, *se croyant seul.*

JE n'ai jamais pu rejoindre cette voleuse : elle ne sait pas sûrement le cruel embarras où elle me met. Que deviendrai-je? Il fait nuit, et je n'ai pas le sou. Si mademoiselle Rosette n'a pitié de moi, il faudra coucher dans la rue.

# SCENE XIII.

ARLEQUIN, à part.

J'entends parler de Rosette.

ARLEQUIN CADET.

J'ai envie d'essayer une petite séré-
nade, cela engagera peut-être mademoiselle Rosette à m'ouvrir sa porte.
En conscience, elle peut bien me
donner à souper la veille de notre
mariage. Voyons.

(Il prépare sa guitare.)

ARLEQUIN, à part.

Que dit-il donc de mariage?

ARLEQUIN CADET.

Avec tout cela, cette voleuse m'a
paru gentille; sa colere m'auroit ga-
gné le cœur, si elle ne m'avoit pas
pris mes louis d'or. Oh! Rosette vaut
mieux; elle donne au lieu de prendre.
Allons, chantons-lui quelque joli couplet : quand on veut plaire et qu'on
n'a pas beaucoup d'amour, il faut tâ-
cher d'avoir un peu d'esprit.

(Il accorde sa guitare.)

ARLEQUIN aiguise sa batte
sur la terre.

J'accorde aussi ma guitare, moi.

ARLEQUIN CADET chante.

Daigne écouter l'amant fidele et tendre
Qui vient encor te parler de ses feux ;
Lorsqu'il ne peut ni te voir ni t'entendre,
En te chantant il est moins malheureux.

---

## SCENE XIV.

ARLEQUIN, ARLEQUIN CADET,
ROSETTE à la fenêtre.

---

ROSETTE, à voix basse.

Est-ce toi, mon ami ?

ARLEQUIN CADET.

Oui, c'est moi.

ARLEQUIN, à part.

Comment ! elle lui parle !

ROSETTE.

Je t'écoute avec un plaisir...

ARLEQUIN CADET.

Oh ! je ne te rendrai jamais celui
que m'a fait ton portrait.

ARLEQUIN, à part.

Son portrait !

ARLEQUIN CADET chante.

A chaque instant je veux revoir ce gage
Qui me promet d'éternelles amours ;
J'ai beau sentir dans mon cœur ton image,
Mes yeux jaloux la desirent toujours.

ARLEQUIN, à part.

J'ai bien envie de frotter les oreilles
à ce chanteur-là.

ARLEQUIN CADET, à Rosette.

Que dis-tu ?

ROSETTE.

Je ne dis rien, mon cher ami ; j'é-
coute.

ARLEQUIN, à part.

Ah ! la perfide ! J'étoufferai, je
crois, s'il dit encore un couplet.

ARLEQUIN CADET, à Rosette.

Tu demandes encore un couplet ?

(Il chante.)

Pourquoi veux-tu que ma bouche répe*e

Le doux serment dont mon cœur est lié?

Regarde-toi, ma charmante Rosette,

Et tu verras s'il peut être oublié.

ARLEQUIN, à part.

Ce drôle-là me fera mourir de chagrin; mais je ne mourrai pas sans m'ê-
tre vengé. (Il donne des coups de batte à son
frere.) Voici ma musique, à moi.

ROSETTE, à la fenêtre.

Ô ciel! courons à son secours.

## SCENE XV.

### ARLEQUIN, ROSETTE.

ARLEQUIN.

Je voudrois bien savoir comment elle
pourra s'excuser de tout ce que je
viens d'entendre.

ROSETTE, à tâtons.

Mon cher ami, où es-tu? N'es-tu
pas blessé? Parle vîte.

ARLEQUIN.

Oui, oui, je suis blessé, et cruelle-
ment blessé. La voilà donc, cette Rosette dont j'étois si sûr! La veille de
son mariage, elle trahit son mari...
Allez, je vous connois à présent, et
je ne vous aime plus. Oh! je sais bien
que j'en mourrai d'avoir prononcé ce
mot-là, mais je vous le dirai cent fois
pour mourir plus vîte; je ne vous
aime plus, je ne vous aime plus, je ne
vous aime plus.

ROSETTE.

Je te supplie de me répondre. Que
peux-tu donc me reprocher?

ARLEQUIN.

Ah! ce n'est qu'à ceux que l'on estime encore, que l'on fait des reproches; et je n'ai rien à vous reprocher.
Adieu. (Il s'éloigne; dans le moment Nérine
paroît.)

## SCENE XVI.

ARLEQUIN, ROSETTE, NÉRINE.

NÉRINE, à part.

J'ENTENDS la voix de mon traître:
assurons-nous de sa perfidie.

ROSETTE, qui a seule entendu
ces derniers mots.

Mais que parles-tu de perfidie? Arlequin, mon cher Arlequin, écoute-
moi. (Ici, Arlequin cadet, qui s'étoit enfui, arrive; et entendant les derniers mots de Rosette, il va du côté de Nérine.)

## SCENE XVII.

ARLEQUIN, ARLEQUIN CADET,
NÉRINE, ROSETTE.

ARLEQUIN CADET, à Nérine, qu'il
prend pour Rosette.

ME voici : puis-je te parler ?

ARLEQUIN, qui prend la voix de son
frere pour celle de Rosette.

Vous parlerez tant qu'il vous plaira, rien ne peut vous justifier.

ROSETTE.

Je suis au désespoir.

ARLEQUIN CADET, à Nérine, qu'il
trouve toujours près de lui.

Pourquoi cela, ma chere Rosette ?

NÉRINE, à part.

J'ai peine à contenir ma fureur.

ARLEQUIN CADET, à Nérine.

Tu es trop bonne d'être en colere ;

ce qui m'est arrivé n'est rien : ils é-
toient cinq ou six contre moi ; sans
cela, je les aurois frottés d'importance.

ROSETTE, qui l'entend.

Mais, où es-tu donc?

ARLEQUIN CADET.

Je suis ici.

ARLEQUIN, à part.

Qui est-ce donc que j'entends?

ARLEQUIN CADET, à Rosette.

C'est moi que tu entends.

ROSETTE prend sa main.

Est-ce toi?

ARLEQUIN CADET.

Oui, c'est moi.

NÉRINE le saisit.

Oh! je te tiens; tu ne m'échapperas
pas. (Arlequin cadet se trouve entre Rosette et
Nérine. )

ARLEQUIN, s'en allant dans la<br>maison de Rosette.

Tâchons de nous éclaircir.

# SCENE XVIII.

## NÉRINE, ARLEQUIN CADET, ROSETTE.

###### ROSETTE.

En quoi ! tu me trahissois ?

###### NÉRINE.

Tu croyois donc me tromper, scélérat ?

###### ARLEQUIN CADET.

Le diable m'emporte si je sais un mot de ce que vous me voulez ! Au nom du ciel, mademoiselle Rosette, ne vous en allez pas ; et vous, esprit, diable, lutin invisible, ne me serrez pas si fort, car j'étrangle.

###### NÉRINE.

Point de grace, perfide !

## SCENE XIX.

ARLEQUIN CADET , NÉRINE, ROSETTE; ARLEQUIN, qui apporte de la lumiere.

ARLEQUIN.

Quoi! c'est mon frere de Bergame!

NÉRINE.

Comment ! ils sont deux ! Tant mieux.

ARLEQUIN CADET court embrasser son frere.

Ah! mon cher frere, c'est toi!

(Ils s'embrassent.)

ARLEQUIN.

Mon cher ami, je suis fort aise de te revoir, quoique vous ne vous conduisiez pas en trop bon frere.

ROSETTE.

Quelle ressemblance! Mais mon cœur n'en est pas la dupe.

(Elle prend la main de l'aîné.)

### A R L E Q U I N.

Il l'a été cependant; car vous lui
avez donné votre portrait.

### A R L E Q U I N  C A D E T.

Mademoiselle Nérine sait bien ce
qu'il est devenu. Écoutez, mademoiselle, j'ignore si mon frere a des torts
avec vous; mais il est sûr que je ne
suis ici que d'aujourd'hui. Comme
j'arrivois, mademoiselle Rosette est
venue très poliment me donner son
portrait et de l'argent : l'instant d'a-
près, vous êtes venue m'arracher l'un
et l'autre, et vous avez disparu comme un éclair, en me reprochant que
j'étois insensible à votre amour, tandis que j'aurois donné tous les trésors
du monde pour avoir le plaisir de
vous voir un moment de plus.

### A R L E Q U I N.

D'après ce qu'il vous dit, mademoiselle, il me semble que vous pour-
riez troquer ce portrait-là contre l'o-

riginal du mien. (Il montre son frere.)

NÉRINE.

Vous m'avez appris qu'il faut se connoître avant de s'aimer.

ARLEQUIN CADET.

Voyez mon étourderie ! avec vous, j'ai commencé par la fin. D'ailleurs, vous connoissez mon frere ; c'est tout comme si vous me connoissiez : vous voyez que je lui ressemble trait pour trait. La seule différence qu'il y ait entre nous deux, c'est que je suis le cadet ; et si vous aviez la bonté de m'aimer, je me croirois l'aîné de la famille.

ARLEQUIN.

Allons, mademoiselle Nérine ; il dépend de vous seule que nous soyons tous les quatre heureux.

ARLEQUIN CADET.

Eh bien?

NÉRINE.

Eh bien ! je vois qu'il faut toujours

lui rendre son portrait, et puis nous
verrons s'il faudra vous donner le
mien.

### ARLEQUIN.

Mes amis, nous voilà tous con-
tents; aimons-nous bien : mais si vous
m'en croyez, n'habitons pas dans la
même maison ; il pourroit arriver des
méprises de plus grande conséquence
que celle d'aujourd'hui.

## VAUDEVILLE.

ARLEQUIN CADET, à Nérine.

La foi que vous m'avez promise,
Ne la dois-je qu'à votre erreur ?
Trop souvent c'est une méprise,
Lorsque l'on croit être au bonheur.
Dissipez ma frayeur extrême
En me promettant de nouveau
Que vous m'aimerez pour moi-même,
Et non pas comme son jumeau.

### NÉRINE.

Éloignez de vaines alarmes,
L'hymen unira nos deux cœurs :
D'un rival vous avez les charmes,
Mais vous n'aurez pas ses rigueurs.
Pour fixer mon ame incertaine,
L'Amour me prête son flambeau ;
A l'aimer je perdis ma peine,
Vous ne serez pas son jumeau.

### ARLEQUIN, à Rosette.

Souviens-toi bien de l'imposture
Qui pensa faire mon malheur :
En amour la moindre piquure
Blesse profondément le cœur.
Si jamais un amant fidele,
Brûlant d'un feu toujours nouveau,
Te jure une ardeur éternelle,
Prends-y garde, c'est mon jumeau.

ROSETTE, au cadet.

Mon ami, devenez mon frere,
L'amitié vaut bien les amours;
Et si votre sœur vous est chere,
Je vous reconnoîtrai toujours.

(à Arlequin.)

Je devois me laisser surprendre,
L'Amour n'a-t-il pas un bandeau?
Si mon cœur a pu se méprendre,
Ce n'étoit qu'avec ton jumeau.


# FIN.


11.

# HÉRO ET LÉANDRE,

## MONOLOGUE LYRIQUE.

Ô dieux! quels éclats! quelle tempête!

# HÉRO ET LÉANDRE,

## MONOLOGUE LYRIQUE.

Le théâtre représente l'Hellespont et le rivage de Sestos ; à droite, l'on voit une tour isolée, sur le haut de laquelle est un fanal allumé : les flots baignent le pied de la tour. Il fait nuit, la lune est dans son plein, le plus profond silence regne sur les flots et sur la rive. Héro sort de la tour.

### HÉRO.

Enfin la nuit étend ses voiles sur toute la nature. Mon cher Léandre, voici l'heure où, n'écoutant que ton amour et ton courage, tu vas t'élancer dans les flots ; et sans autre guide que ce fanal que je viens d'allumer pour toi, tes robustes bras fendront les ondes, et te porteront dans ceux de ta bien-aimée.

(Elle regarde le ciel et la mer, et reste un moment plongée dans la rêverie.)

Avec quelle douce volupté je considere ce calme profond! Comme la mer est paisible! Comme l'air est pur! Zéphyre même n'ose l'agiter: tout se tait, tout est tranquille. Ô mon ami! tu ne dois entendre que la voix plaintive des alcyons, et le murmure des flots qui cedent à tes efforts; la lune bienfaisante te prête toute sa lumiere; l'onde, en la réfléchissant, semble vouloir la doubler... Ah! toute la nature doit s'intéresser à l'amant qui expose sa vie pour voir sa maîtresse.

(Elle se promene avec l'air agité.)

Je ne sais quelle terreur secrete se glisse malgré moi dans mon sein. Cher Léandre, ne viens pas aujourd'hui... Ne viens jamais, si tu risques de perdre le jour. Cette mer est si fatale! Hellé, la malheureuse Hellé, trouva la mort dans ses flots : le belier doré put à peine sauver son frere... Tu n'as rien, toi, que mes vœux et ton courage... S'il arrivoit... Mais non, l'Amour, tous les dieux doivent veiller sur toi.

( Elle s'adresse à la Lune. )

Belle Phœbé, ne quitte pas les cieux, éclaire la route dangereuse que mon amant doit parcourir, montre-lui tous les écueils, fais-lui voir toujours la terre, ne souffre pas que le moindre nuage te dérobe un moment à ses yeux ; souviens-toi des peines que te causa l'amour, et sauve un amant aussi fidele, aussi tendre, que l'étoit Endymion.

( Elle écoute avec attention , et dit après une<br>grande pause : )

J'ai cru l'entendre ; et ce n'est qu'une vague qui a fait palpiter mon cœur.

(Avec passion. )

Ô mon ami! redouble tes efforts ;

que le feu qui te consume te rende insensible au froid de l'onde. Hâte-toi de sortir de cet élément perfide, viens rassurer ton épouse éperdue, viens la presser dans tes bras..... Je crois te voir; oui, je te vois; tu fends les flots avec vîtesse, tu laisses loin derriere toi un long sillon qui bouillonne; les yeux toujours fixés sur ce fanal, tu reprends des forces à mesure que tu t'en approches : les astres, les étoiles, guides ordinaires du nautonnier, n'existent point pour toi; ton seul astre, c'est ce flambeau, tu ne vois que lui dans le ciel, tu ne connois que moi sur la terre, et l'univers se réduit pour toi à la seule tour que j'habite.

( Avec inquiétude. )

Mais l'amour égare mes sens. Léandre ne vient point : je n'apperçois rien sur les flots. Peut-être n'est-il pas aussi tard que je l'imagine; je me suis trompée moi-même, j'ai cru qu'il arriveroit plus vîte en allumant plutôt le flambeau.

(Elle retourne vers la mer, regarde et écoute attentivement. )

Cependant il me semble qu'il n'a jamais tardé si long-temps. J'ai déja calculé cent fois l'instant de son départ, la durée de son trajet; il devroit être ici... Encore si la mer étoit agitée, je pourrois croire que la frayeur l'a retenu... Peut-être n'est-il point parti... peut-être de nouvelles amours... Ah! Léandre, pardonne; j'ose douter de ton cœur : ah! que le moindre vent vienne troubler les eaux, et je n'accuserai plus que Neptune.

(Avec colere.)

Pourquoi faut-il que nous, qui n'avons qu'une ame, nous ayons deux patries? De quoi nous sert d'être si près l'un de l'autre, si nous sommes toujours séparés ? Oui, j'aimerois

3.                              12

mieux que l'univers entier fût entre nous deux.

(L'horizon commence à se couvrir de nuages, et la lune s'obscurcit.)

Mais le ciel devient plus sombre, la lune semble vouloir cacher sa tremblante lumiere, mon cœur se serre... et si la tempête... Éloignons de funestes idées... Je me trompe, sans donte; la frayeur me fait voir des nuages qui n'existent point : j'ai si souvent éprouvé que loin de mon amant le ciel ne m'a jamais paru beau!

(La tempête commence, et va toujours en augmentant.)

Qu'entends-je! Non, ce n'est point une illusion; un bruit sourd semble sortir de l'abyme, il s'avance avec les ténebres, il devient éclatant, la mer s'agite, les vents commencent à mugir, ils vont se déchaîner sur les vagues déja blanchies...

(Avec l'accent de la douleur et de l'effroi.)

Dieux tout-puissants!... les forces m'abandonnent; chaque éclair, chaque coup de tonnerre porte la mort dans mon cœur.... Malheureuse!... il sera parti... il sera parti....

(Elle tombe épuisée sur un rocher, et se relève avec impétuosité.)

Cher Léandre, retourne, il en est temps encore... Retourne vers ton rivage, ne songe qu'à sauver tes jours; je t'irai voir, l'amour me donnera des forces; je suis sûre de faire le trajet quand je t'aurai pour but de mon voyage. Je ne suis pas certaine du retour; mais je t'aurai vu, je t'aurai sauvé, je mourrai satisfaite.

(La tempête est dans sa plus grande force.)

Ô dieux! quels éclats! quelle tempête! les flots en fureur s'élancent contre les éclairs; le tonnerre se précipite sur les flots; les vagues et les airs ne sont plus qu'un chaos sillonné de traits de feu. Tous les éléments sont confondus, et mon amant combat peut-être seul contre toute la nature.

(Elle tombe à genoux, et s'écrie avec transport.)

Ô Neptune! ô Borée! appaisez-vous, épargnez-le! il ne vous offensa jamais : un jour n'a jamais fini sans qu'il vous ait adressé des vœux. Vous connoissez l'amour; souvenez-vous de Phillyre, souvenez-vous d'Orythie; prenez pitié des maux que vous avez soufferts vous-mêmes. Que vous faut-il? que voulez-vous? je n'ai point de victime; mais si le sang est nécessaire pour vous appaiser, dites un mot, un seul mot, et ce poignard va percer mon cœur. Parlez; Léandre est en danger, Léandre succombe peut-être: par pitié, hâtez-vous de parler.

(La tempête s'appaise.)

Ils m'ont entendue..... Les vents s'appaisent, la mer se calme, les flots retombent à leur place, le ciel rede-

vient serein, et je n'entends plus que
le murmure des ondes qui gémissent
encore de la fureur des aquilons.

(Avec l'émotion la plus tendre.)

Ah! Léandre, mon cher Léandre,
as-tu souffert cette tempête? Les
dieux t'auront protégé; ils viennent
de calmer la mer, c'est la marque
sûre de leur faveur. Léandre, tu vas
venir, je vais te voir : ah! comme je
te presserai contre mon sein! combien tes périls vont ajouter de charmes à notre réunion!

(Avec inquiétude et douleur.)

Mais l'obscurité se dissipe, l'on voit
déja l'orient se teindre d'une couleur
vermeille, l'amante de Céphale chasse
devant elle les ténebres, et Léandre
n'arrive point. Le calme est revenu sur
les flots, il ne l'est pas dans mon cœur.

(L'on voit le lever de l'aurore et la naissance du
jour.)

Brillante Aurore, daigne me pardonner, si jamais je ne t'adressai de vœux. Léandre me quittoit toujours à l'instant où tu paroissois ; pouvois-je desirer de te voir ? Deviens aujourd'hui ma bienfaitrice, montre-moi mon amant ; et que ce jour, que tu précedes, soit beau pour moi comme il va l'être pour toute la nature.

( Elle va regarder sur un rocher. )

Oui, je le vois ; c'est lui.... Dieux immortels, que ne vous dois-je pas ! Ah ! je sens bien que toutes mes peines n'ont pas assez payé ce doux moment...

(On voit dans le lointain Léandre qui fait des efforts pour se soutenir sur les eaux. )

Mais que vois-je ! il s'éloigne.... il s'approche... il semble lutter contre les flots... Mon sang se glace... Je le distingue; ses forces sont épuisées, ses bras lassés ne peuvent plus le soutenir... Léandre... Léandre... entends ma voix, qu'elle prolonge tes forces;

encore un moment de courage, et tu seras dans les bras de ton épouse.... Léandre, tu ne m'entends pas..... tu ne peux plus résister.... Léandre.... encore un effort. Il semble me tendre les mains, il semble implorer mon secours... Oui, je vais m'élancer vers toi... oui... je vais mourir ou te sauver... Je vais...

( Léandre s'enfonce dans les flots. )

Ciel! il a disparu; mes yeux le cherchent en vain... Léandre... mon cher Léandre... Il n'est plus... il n'est plus; les flots l'ont englouti!

(Elle reste long-temps immobile, et reprend avec lenteur. )

Il n'est plus : je ne le verrai plus : je ne le verrai jamais : il est mort pour moi. C'est moi, c'est moi qui l'assassine !

(Après une grande pause, avec fureur et désespoir. )

Dieux barbares qui vous jouiez de

mes douleurs, qui sembliez écouter mes vœux pour rendre plus aigu le trait dont vous me déchirez; dieux de sang, dieux de malheur, puisse le destin, plus fort que vous, vous rendre tous les maux que je souffre! puisse votre immortalité ne servir qu'à les prolonger! Et toi, mer affreuse, mer perfide, tu n'as jamais causé que des maux, tu n'as jamais respecté que le crime : le guerrier farouche, l'avide marchand, sont en sûreté sur tes flots; et tu fais périr l'amant fidele qui ne te demandoit que de le porter près de moi, qui t'invoquoit tous les jours, qui t'appelloit sa bienfaitrice! va, puisse ta fureur se tourner contre toi-même! puisse l'univers se dissoudre et retomber dans ton sein! puisse la terre combler ton lit, et le chaos te détruire et te remplacer!

( Elle retourne sur le rocher. )

Je ne le verrai plus ! je ne le verrai

jamais! Léandre, mon cher Léandre! et as-tu pensé que je pourrois te survivre? as-tu pensé que je pourrois jamais regarder cette mer odieuse? Non, je t'irai chercher jusques dans ses abymes; j'irai me rejoindre à la plus chere moitié de moi-même. Qui sait aimer, sait mourir: et cette mort est un doux moment, puisqu'elle me réunit à Léandre.

(Elle se frappe et se jette dans la mer.)

## FIN.

# LE BAISER,

## COMÉDIE

EN UN ACTE ET EN VERS,

# A VOUS.

J'ai chanté LE BAISER : ce sujet est bien doux,
    Souffrez que je vous le dédie.
Tout ce qu'Alamir dit à sa chere Zélie,
    Je ne l'ai pensé que pour vous :
    Si votre cœur de cet hommage
    Veut me payer par des bienfaits;
    Le titre seul de mon ouvrage
    Vous dira le prix que j'y mets.

# PERSONNAGES.

AZURINE, mere d'Alamir.

ALAMIR, amant de Zélie.

ZÉLIE, princesse élevée par Azurine.

BIRENE, vieille fée.

PHANOR, magicien.

UN ESCLAVE d'Azurine.

La scene est dans un salon du palais d'Azurine.

F.M. Queverdo Inv Del.    Dembrun Sculp.

elle n'est plus a toi.

# LE BAISER,

## COMÉDIE.

## SCENE PREMIERE.

### ALAMIR, ZÉLIE.

ALAMIR.

Pourquoi me dérober tes larmes ?
Je dois tout partager, jusqu'au moindre soupir.
Ne suis-je plus cet Alamir
A qui tu confiois tes plaisirs, tes alarmes ?
Tu ne m'aimes donc plus ?

ZÉLIE.

Ah ! je n'aime que toi ;
Mais je crains...

ALAMIR.

Que crains-tu ?

ZÉLIE.

Mon ami, laisse-moi.
C'est peut-être en vain que je tremble :
A quoi bon te donner des chagrins superflus ?

ALAMIR.

Et comptez-vous pour rien de s'affliger ensemble?

ZÉLIE.

Alamir...

ALAMIR.

Dis-moi tout, ne me résiste plus ;
Quels que soient tes chagrins, sois sûre, ma Zélie,
Que l'amour saura les calmer :
Ce sont les peines de la vie
Qui nous font mieux sentir le bonheur de s'aimer.

ZÉLIE.

Oui, mais j'avois promis de garder le silence ;
Cependant je vais t'obéir :
Avec toi l'on ne peut tenir
Que les sermens d'amour et de constance.
Tu sais que depuis notre enfance,
Destinés à nous voir époux,
Nos premiers sentimens, nos plaisirs les plus doux,
Furent l'amour et l'espérance.

ALAMIR.

Qui pourroit troubler les beaux jours
Que notre heureux sort nous destine?
Tous deux nous dépendons de ma mere Azurine ;
Elle a vu naître nos amours,
Elle veut nous unir.

ZÉLIE.

Oui, sa bonté touchante
S'occupe de notre bonheur.
Mais tu connois cet enchanteur
Dont le nom seul inspire l'épouvante,
Phanor...

ALAMIR.

Eh bien?

ZÉLIE.

Il demande ma main.
Ta mere, de frayeur saisie,
A voulu lui répondre en vain
Qu'à toi l'amour m'avoit unie :
Hélas! rien n'a pu le fléchir.
Pour moi seul, a-t-il dit, Zélie est destinée :
Dans deux jours je viendrai finir cet hyménée;
Et malheur au rival que j'aurois à punir.
Il est parti.

ALAMIR.

Demain sera donc la journée
Où je n'aurai plus qu'à mourir.

ZÉLIE.

Calme-toi, mon ami, Azurine est allée
Consulter sur notre destin
Cette vieille et savante fée
Dont l'oracle est toujours certain.

13.

Attendons son retour; cet oracle infaillible
Rassurera ton ame trop sensible.

ALAMIR.

Va, de toi seule ici dépendra mon bonheur :
Mes plaisirs, mes chagrins viennent tous de Zélie;
Ta tendresse, voilà ma vie;
Et mon oracle, c'est ton cœur.

ZÉLIE.

Voici ta mere...

## SCENE II.

### ALAMIR, AZURINE, ZÉLIE.

ZÉLIE.

Ah! nous brûlons d'apprendre
Quel est le sort qui nous attend.
Pardonnez, il sait tout, je n'ai pu m'en défendre.

AZURINE.

Je me doutois, ma chere enfant,
Que vous ne seriez pas discrete;
Mais rassurez-vous cependant,
Votre félicité parfaite

Ne dépend plus que d'un serment
Que vous ferez à votre mere.

ALAMIR.

Un serment! Quel est-il?

ZÉLIE.

Hélas! il me sembloit
Que mon cœur avoit déja fait
Tous les serments que l'on peut faire.

AZURINE.

J'ai traversé la paisible forêt
Qu'habite la sage Birene;
Je m'attendois à voir dans un antre secret.
Une effrayante magicienne
Au front pâle et sévere, aux yeux étincelants,
Et dont le cœur, endurci par le temps,
Seroit peu touché de ma peine.
Que je connoissois mal celle que je cherchois!
Birene, en me voyant, auprès de moi s'empresse,
Me promet son appui, ses conseils, ses bienfaits,
M'exhorte à soulager la douleur qui me presse.
Je vois bientôt que rien ne doit m'intimider,
Et que de la triste vieillesse
Birene n'a voulu garder
Que la douceur et la sagesse.

ALAMIR.

Eh bien?

AZURINE.

Je lui dis nos malheurs,
Je lui peins vos amours, mes chagrins, ma tendresse.
Mon seul récit la touche, l'intéresse;
En m'écoutant, ses yeux se mouillent de ses pleurs.
Tremblez, m'a-t-elle dit; je connois la puissance
De ce cruel Phanor qui cause vos douleurs.
L'ingrat tient de moi sa science:
C'est moi qui lui montrai cet art si dangereux
De commander à la nature entiere;
Et le cruel emploie au malheur de la terre
L'art que je lui donnai pour faire des heureux!
Cela seul me rendroit sa secrete ennemie.
Dès ce moment je protege Zélie,
Et je satisferai votre cœur et le mien
En trouvant à la fois la douceur infinie
De punir un ingrat et de faire du bien.
Alors tout l'avenir à ses yeux se présente;
Birene se recueille, et d'une voix tremblante
Elle dit: Écoutez le destin d'Alamir:
A l'objet qu'il adore hâtez-vous de l'unir;
Mais, le jour de son hyménée,
Un baiser pris à l'objet de ses feux
Avant la fin de la journée
Feroit le malheur de tous deux.

ALAMIR.

Un seul baiser !

AZURINE.

L'oracle est rigoureux ;
Je sais qu'un jour est une année,
Quand le soir on doit être heureux.

ZÉLIE.

L'oracle dit aussi, ma mere,
Qu'avant tout il faut nous unir.

AZURINE.

Oui, votre hymen est nécessaire ;
Mais puis-je compter qu'Alamir
Observera la loi sévere
Que le destin...

ALAMIR.

Recevez-en ma foi.

ZÉLIE.

D'ailleurs, maman, comptez sur moi,
Je vous réponds de tout.

ALAMIR.

Rien ne sera pénible,
Puisqu'il s'agit de mériter sa main.
Mais, ma mere, Phanor doit revenir demain :
S'il revenoit ce soir, il seroit impossible
De nous unir.

AZURINE.

Je le voudrois en vain.
Que nous conseilles-tu, Zélie?

ZÉLIE.

Moi, je m'en fie à vous, vous saurez tout prévoir:
Je crois pourtant que le génie
Pourroit bien arriver ce soir.

AZURINE.

Allons, mes enfants, je suis prête
A conclure un hymen, objet de vos souhaits.
La noce sera sans apprêts,
Sans fête...

ALAMIR.

A-t-on besoin de fête
Quand on est au jour du bonheur?

AZURINE.

Comme il vous plaît vous décidez mon cœur;
A votre volonté la mienne est enchaînée :
Je vais donc vous unir d'un lien éternel.
Nous n'avons ni flambeaux, ni temple d'hyménée;
Mais pour tenir la foi que l'amour a donnée,
On n'a pas besoin d'un autel.

(à Alamir. )

Jurez-vous de l'aimer toujours?

( à Zélie. )

Et vous, d'être toujours fidele?

ALAMIR.

Oui, je jure à l'objet de mes tendres amours
De vivre, de mourir pour elle,
Et jusqu'au dernier de mes jours
De l'aimer autant... qu'elle est belle.

ZÉLIE.

Je jure au dieu puissant dont mon cœur suit les loix
De brûler pour lui seul de l'ardeur la plus pure.
Hélas! quand je l'ai vu pour la premiere fois,
Mon cœur promit tout ce qu'il jure.

AZURINE, joignant leurs mains.

Je vous unis, soyez heureux;
Que la chaîne qui vous engage
Vous rende encor plus amoureux:
Un hymen sans amour n'est qu'un triste esclavage,
Avec l'amour c'est le bonheur des dieux.

ZÉLIE.

Ah! ce bonheur est votre ouvrage,
Il nous devient plus cher encor.

ALAMIR, à sa mere.

Vous qui me connoissez, jugez de mon transport!
Heureux par vous, heureux par elle,
Toujours épris, toujours fidele,
Vous chérir, l'adorer, et vivre pour vous deux,
Voilà mon sort, voilà mes vœux.
A l'amour comme à la tendresse

Je saurai donner tout mon cœur :
Entre vous deux j'ignorerai sans cesse
Qui fait le plus pour mon bonheur
De ma mere ou de ma maîtresse.

## SCENE III.

AZURINE, ALAMIR, ZÉLIE, UN ESCLAVE.

L'ESCLAVE.

Phanor arrive en ce moment.

AZURINE.

Phanor !

L'ESCLAVE.

Il est déja dans votre appartement.

(L'esclave sort.)

## SCENE IV.

ALAMIR, AZURINE, ZÉLIE.

ZÉLIE.

Ô ciel ! que ferons-nous, ma mere ?

# SCÈNE IV.

ALAMIR.

Courez le recevoir, laissez-nous dans ces lieux ;
Étant seule avec lui, vous le tromperez mieux,
Et le jour finira, j'espere.

AZURINE.

Mais me promettez-vous, mon fils...?

ZÉLIE.

Non, non, ma mere, je vous suis,
C'est le plus sûr.

ALAMIR.

Que dites-vous, Zélie?

ZÉLIE.

Je dis qu'un seul baiser peut nous coûter la vie.

ALAMIR.

Et vous voulez me fuir! vous voulez que Phanor
De son amour vous entretienne encor,
Et que loin de mes yeux cet odieux génie...
Non, vous êtes à moi, je ne vous quitte pas ;
Je vous suivrai jusqu'au trépas.

(avec dépit. )

Mon cœur n'a pas votre prudence extrême,
Je sais m'exposer sans effroi.

ZÉLIE.

Mais en risquant l'objet qu'on aime,
On expose bien plus que soi.

3.

ALAMIR.

Je ne m'attendois pas à tant de prévoyance.

ZÉLIE.

Et moi je m'attendois à plus de confiance.

AZURINE.

Ah ! sans cesser de disputer,
Mes chers enfants, tâchez de finir la journée.

ZÉLIE.

Oh ! je vous le promets, vous pouvez nous quitter,

AZURINE.

Songez qu'à votre sort tiendra ma destinée ;
Et n'oubliez pas tous les deux
Qu'une mere est toujours la plus infortunée,
Quand ses enfants sont malheureux.

(Elle sort.)

## SCENE V.

### ZÉLIE, ALAMIR.

(Il se fait un moment de silence.)

ALAMIR, d'un ton doux.

Vous êtes en courroux ?

ZÉLIE.

Oui.

ALAMIR.

Souffrez, mon amie...

ZÉLIE.

Votre amie! aujourd'hui ce nom n'est pas le mien.

ALAMIR.

Écoutez...

ZÉLIE.

Ne me dites rien.
L'oracle le défend; et moi, je vous en prie.

ALAMIR.

Hélas! on ne sait point aimer,
Quand on n'a pas un peu de jalousie.

ZÉLIE.

Qui devient trop jaloux ne sait pas estimer.

ALAMIR.

Comment?

ZÉLIE.

Je n'ai rien dit.

(Il se fait encore un silence.)

ALAMIR.

A peine l'hyménée
Nous rend époux, que nous voilà brouillés.

ZÉLIE.

Tant mieux; c'est le moyen de passer la journée
Sans manquer au serment.

ALAMIR.

Puisque vous le voulez,
Je conviens que j'ai tort ; mais vous seriez cruelle,
Si vous me refusiez un pardon généreux :
N'avons-nous pas assez, dans ce jour dangereux,
De la loi qui nous cause une gêne mortelle ?
Ah ! ce n'est qu'aux époux heureux
Qu'il est permis d'être en querelle.

ZÉLIE.

Mais pourquoi douter de ma foi ?
Votre raison devroit...

ALAMIR.

La raison ! Mon amie,
J'ai bien du malheur avec toi :
Nous disputons toute la vie,
Et jamais la raison ne décide pour moi.

ZÉLIE.

Ton air humble et ta modestie
Seront d'inutiles détours.
Crois-moi, restons brouillés.

ALAMIR, voulant baiser sa main.
Le pourrois-tu, Zélie ?

ZÉLIE, avec effroi.
Et l'oracle, Alamir !

ALAMIR, s'éloignant précipitamment.
Oh ! j'y pense toujours,

Et sur-tout à présent que ma mere est sortie.

Voici l'instant de s'observer :

C'est sûrement pour m'éprouver

Qu'aujourd'hui tu parois mille fois plus jolie.

Mais je veux oublier que j'ai reçu ta foi,

Je ne veux plus parler, ni m'occuper de toi :

Tu verras ma sagesse extrême.

ZÉLIE.

Malgré tes projets, mon ami,

Je crains dans un moment de te revoir le même.

Tiens, va t'asseoir là-bas, je vais m'asseoir ici :

Nous causerons bien mieux.

(Elle place deux fauteuils aux deux extrémités du théâtre.)

ALAMIR, s'asseyant.

C'est pousser la prudence

Assurément bien loin. Mais n'importe, voyons :

Tu n'as qu'à décider ce dont nous parlerons ;

Je veux au même point porter l'obéissance.

ZÉLIE.

Mais nous pouvons parler de ce que tu voudras,

Pourvu que tu n'approches pas ;

C'est la seule loi que j'impose :

Si tu m'en crois pourtant, avant la fin du jour,

Nous ne parlerons pas d'amour.

ALAMIR.

Je le veux bien, soit ; parlons d'autre chose.

14.

(Il se fait un long silence.)

J'écoute, au moins.

ZÉLIE.

Moi, mon ami, j'attends.

ALAMIR.

Mais je ne sais parler que de mes sentiments,

Et tu ne le veux pas.

ZÉLIE.

Je t'arrête bien vîte.

Mon cher ami, laissons là ce discours,

Il pourroit finir mal ; nous pleurerions ensuite.

Tâchons d'oublier nos amours.

Songe donc au péril...

ALAMIR.

Écoute, mon amie ;

Je crois que nous avons bien mal interprété

L'oracle que ma mere a tantôt rapporté :

Un seul baiser pris à Zélie

Suffit pour faire leur malheur.

J'explique mieux que toi dans le fond de mon cœur

Cet oracle que je déteste :

Un baiser pris à toi nous seroit bien funeste ;

Mais si tu le donnois, il porteroit bonheur.

(Il s'approche.)

ZÉLIE, s'éloignant.

Non, non, ce n'est pas là ce que nous dit Birene ;

Moi, je l'entends tout autrement.

ALAMIR.

Mais je voudrois du moins que cette magicienne
Nous eût parlé plus clairement.

(Il s'approche.)

ZÉLIE, à part.

Moi, je voudrois voir revenir ma mere.

ALAMIR, toujours s'approchant.

Que me dis-tu?

ZÉLIE.

Je dis que tu n'observes guere
Ni mes ordres, ni ton serment.

ALAMIR se recule brusquement.

Qui l'eût pensé, qu'un si doux hyménée
Me causeroit tant de tourment!
Je n'ai jamais trouvé si longue la journée.

(Il se leve.)

ZÉLIE.

Cependant je suis avec toi.

ALAMIR, très vivement.

Non, ce n'est pas être avec moi.
Vous m'assignez loin de vous une place,
Vous défendez jusqu'à la fin du jour
Que j'ose vous parler d'amour;
Eh! que veux-tu donc que je fasse?
Cruelle, réponds-moi; l'amour est mon bonheur,

Il est mon bien , il est ma vie ,
Je ne sais rien qu'aimer Zélie ,
Je ne veux rien que posséder son cœur.
Me livrer tout entier à ma brûlante ivresse,
Ne respirer qu'amour , ne sentir que ses feux ,
Ne voir que toi , te voir sans cesse ,
Et toujours puiser dans tes yeux
Et mon bonheur et ma tendresse ,
C'est le plus cher , c'est le seul de mes vœux ,
Et tu voudrois me l'interdire...
Donne-moi plutôt le trépas.

(Il se met à ses genoux. )

Z É L I E , émue.

Mon ami, tu vois bien que tu n'es plus là-bas.

A L A M I R .

Laisse-moi t'adorer , partage mon délire.
Eh ! n'ai-je pas reçu ta foi?
Tu m'appartiens , je suis à toi.
J'ai tant de plaisir à te dire ,
Tu m'appartiens , je suis à toi !
Deux amants , ma chere Zélie ,
Qui ne sauroient rien que cela ,
Auroient assez de ces mots-là
Pour se parler toute la vie.

Z É L I E , troublée.

Alamir...

# SCENE V.

ALAMIR.

Eh bien?

ZÉLIE.

Quittons-nous.

ALAMIR.

Quoi! tu voudrois ôter à mon ame éperdue
Le seul plaisir permis, le bonheur de ta vue!
Eh! que crains-tu? je suis tremblant à tes genoux.

ZÉLIE, dans le dernier trouble, se penche sur Alamir, leurs visages sont tout près de se toucher.

Je crains ce langage si doux
Qui se fait toujours trop entendre;
Ton air soumis, ta voix si tendre,
Tout avec toi m'inspire la frayeur.
Je n'ose respirer l'air que ta bouche enflamme,
Il porteroit jusqu'à mon ame
Tout le feu qui brûle ton cœur.

ALAMIR, transporté.

Ah! ma Zélie...

(Il l'embrasse, le tonnerre gronde, la nuit couvre le théâtre,
et Phanor paroît.)

## SCENE VI.

ALAMIR, ZELIE, PHANOR, AZURINE,
suite de Phanor.

PHANOR.

ELLE n'est plus à toi.

ALAMIR.

Malheureux ! qu'ai-je fait !

ZELIE.

Alamir a ma foi.

PHANOR.

Zélie est pour jamais soumise à ma puissance.
Qu'on l'entraîne.

ALAMIR.

Non, non, je ne la quitte pas ;
Barbare ! rien ne peut l'arracher de mes bras.
Ou mourir, ou l'aimer.

PHANOR.

Redoute ma vengeance.
Tremble que mon courroux...

## SCENE VII.

ZÉLIE, ALAMIR, PHANOR, AZURINE,
BIRENE.

BIRENE.

Ton courroux ne peut rien,
Birene les défend contre ton injustice.

AZURINE.

Je respire.

ZÉLIE.

Ô bonheur !

PHANOR.

Mais Zélie est mon bien :
Votre oracle l'a dit, il faut qu'il s'accomplisse.

BIRENE.

L'oracle a dit qu'avant la fin du jour
Un seul baiser pris à Zélie
Pouvoit la perdre sans retour.
J'ai prévu que la loi ne seroit pas suivie ;
Et j'ai vîte accouru près de ces deux amants.
Invisible autour d'eux dans ces tendres moments,
J'ai vu tous leurs efforts pour accomplir l'oracle,

J'avois pitié de leurs tourments.
Pour les sauver il falloit un miracle,
Et je l'ai fait. Quand Alamir,
Brûlant d'amour et de desir,
Oublioit tout et devenoit parjure,
Au même instant j'ai fait finir le jour.
Je pouvois renverser l'ordre de la nature,
Et je ne pouvois pas mettre un frein à l'amour.
L'oracle est accompli, tu n'as rien à prétendre.

AZURINE.

Souffrez qu'à vos genoux la mere la plus tendre...

PHANOR, à Birene.

Tu me braves, perfide, après m'avoir trahi :
Tu connoîtras bientôt mon pouvoir et ma rage.
Quel que soit le bonheur qui t'accompagne ici,
Tremble ; Phanor peut tout pour venger un outrage.

( Il sort. )

BIRENE.

Ne craignez rien de sa fureur,
Je saurai la rendre inutile.
Pour éloigner de vous à jamais le malheur,
Je vais enchanter cet asyle.

ZÉLIE.

Ah ! nous vous devons tout.

ALAMIR.

Vous sauvez deux amants,

Leur cœur est votre récompense.

BIRENE.

C'est moi qui vous dois, mes enfants ;
En couronnant votre constance,
Je crois retrouver mon printemps :
Faire du bien dans ses vieux ans,
C'est prolonger son existence.


## FIN.

# BLANCHE
## ET VERMEILLE,

### PASTORALE

EN DEUX ACTES, EN VERS,

MÊLÉE DE MUSIQUE;

Représentée pour la premiere fois par les Comédiens Italiens ordinaires du Roi, le lundi 5 mars 1781.

# A MADAME TRIAL.

Daignez recevoir un hommage
Que je vous dois depuis long-temps :
Vous avez sauvé du naufrage
Le plus aimé de mes enfants.
Hélas ! nos brillants petits-maîtres
Chérissent peu les chalumeaux,
Les bois, les prés, les clairs ruisseaux,
Les amours et les mœurs champêtres.
Ils cherchoient le bruyant plaisir
Qu'il faut à leur ame inquiete :
Et je n'avois qu'une houlette
Et des pipeaux à leur offrir.
Votre voix, si douce et si tendre,
M'a soutenu dans ce danger ;
Celui qui venoit pour juger
Ne vient plus que pour vous entendre.
Si mon ouvrage réussit,
Vous seule en avez le mérite :
C'est Trial que l'on applaudit,
Et l'heureuse Blanche en profite.

# PERSONNAGES.

BLANCHE, bergere.

VERMEILLE, sa sœur.

UNE FÉE.

COLIN, amant de Blanche.

LUBIN, amant de Vermeille.

BERGERS ET BERGERES.

La scene est, au premier acte, dans la maison de Blanche;
au second, dans une forêt qui en est tout près.

F.M. Queverdo Inv Del.                              Dambrun Sculp

Venés donc m'embrasser.

# BLANCHE ET VERMEILLE, PASTORALE.

## ACTE I.

Le théâtre représente l'intérieur d'une maison rustique. Vermeille, assise, file au rouet sur le devant de la scene.

## SCENE PREMIERE.

### AIR.

**VERMEILLE, seule.**

QUEL bonheur
Pour mon cœur
De toujours aimer,
De toujours charmer
L'objet qui m'engage ;

Dans un bon ménage,
De passer mes jours
Avec les amours,
La douce gaîté
Et la liberté !

( Lubin arrive, et écoute Vermeille sans être apperçu d'elle. )

## SCENE II.

## VERMEILLE, LUBIN.

VERMEILLE continue.

Parler sans cesse
De ma tendresse
A l'unique objet de mes vœux,
Lire dans ses yeux
La commune ivresse
Qui nous rend heureux…

( Lubin chante à demi-voix avec Vermeille. )

VERMEILLE ET LUBIN.

Quel bonheur
Pour mon cœur
De toujours aimer,
De toujours charmer
L'objet qui m'engage ;

Dans un bon ménage,
De passer mes jours
Avec les amours,
La douce gaîté
Et la liberté !

---

VERMEILLE.

Ah ! te voilà, Lubin ! Je pense au mariage
Qui doit bientôt m'unir à toi.

LUBIN.

Tu dis toujours BIENTÔT, ma Vermeille, j'enrage :
Ne m'as-tu pas donné ta foi ?
Orpheline à vingt ans, maîtresse de toi-même,
Pourquoi ne pas en profiter ?
Quand une fille a dit, OUI, J'AIME,
Un oui de plus ne doit pas lui coûter.

VERMEILLE.

Je suis de ton avis ; mais l'ordre de ma mere
Nous a prescrit de ne rien faire
Sans consulter la fée : il faut suivre ses loix.
Tu sais que cette fée, aussi bonne que sage,
Prit soin de nous dès notre premier âge ;
Elle nous a redit cent fois :
« Mes filles, mon bonheur ne dépend que du vôtre :
« J'accomplirai toujours votre moindre souhait ;
« Et le prix de chaque bienfait
« Sera l'engagement d'en recevoir un autre. »

LUBIN.

Eh bien! voici l'instant de demander Lubin.

VERMEILLE.

Je compte aussi l'aller trouver demain.

LUBIN.

Pourquoi pas aujourd'hui? Sais-tu bien, mon amie,
Que nous perdons à réfléchir
Au moins les trois quarts de la vie?
On balance long-temps avant que de choisir :
Souvent on choisit mal; on se repent : on change;
On trouve enfin ce qu'il faut à son cœur;
On perd encore du temps; et puis, quand on s'arrange,
A peine reste-t-il quelques jours de bonheur.

VERMEILLE.

Je pense comme toi, mais sans être si vive;
Et je veux, avant tout, en parler à ma sœur.

LUBIN.

Il faut bien que Blanche nous suive
Pour demander aussi mon bon ami Colin.

VERMEILLE.

Hélas! je crains, mon cher Lubin,
Que Blanche ne soit plus la même.
Depuis huit jours, sur-tout, je la vois en secret
S'ajuster, se parer avec un soin extrême :
Elle gronde Colin, ne le voit qu'à regret...
De changer auroit-elle envie?

Non, sans doute, et mon cœur à tort va s'alarmer.
Quand on est une fois convenu de s'aimer,
        C'est un marché fait pour la vie.

LUBIN.

Blanche est un peu coquette ; et ce défaut charmant
        Fait que, sans aimer son amant,
On le fait enrager : c'est un double avantage.
Je conviens que Colin est un peu soupçonneux ;
Ils auront de la peine à faire bon ménage...
Mais adieu, la voici ; parle-lui du voyage
        Que nous devons faire tous deux.
Je vais m'y préparer, et je reviens te prendre.

(Il sort.)

## SCENE III.

### BLANCHE, VERMEILLE.

BLANCHE, appellant Lubin.

Lubin, Lubin... Il ne veut pas m'entendre ;
Il me boude, je crois.

VERMEILLE.

                Cela se pourroit bien ;
Colin est son ami.

BLANCHE.

Ne vas-tu pas encore
Me parler de Colin, me dire qu'il m'adore?
Tu ne peux me reprocher rien :
Je n'aurois changé de ma vie,
Si j'avois pu guérir les soupçons de Colin;
Mais tu le sais, ma sœur, l'extrême jalousie,
Qui plaît d'abord, nous offense à la fin.

VERMEILLE.

Et tu veux devenir légere
Pour prouver qu'on a tort de soupçonner ta foi?

BLANCHE.

Eh! non, ma sœur.

VERMEILLE.

Blanche, sois plus sincere :
Crains-tu de rougir avec moi?
Je suis ta sœur; et ma tendresse
T'excusera toujours en donnant son avis.
De quoi serviroient les amis,
S'ils ne pardonnoient la foiblesse?

BLANCHE.

Eh bien! ma sœur, je vais te raconter
L'événement heureux dont je t'ai fait mystere,
Je craignois tes conseils et ton humeur austere :
Pardonne, et daigne m'écouter.

## ROMANCE.

L'autre jour, au bord d'un ruisseau,
Je m'endormis sur l'herbe tendre;
Mon chien veilloit à mon troupeau :
Mon chien ne pouvoit me défendre.

Bientôt, aux accents les plus doux,
Je m'éveille toute surprise;
Je vois un prince à mes genoux,
Qui me dit d'une voix soumise :

« Vous qui devez donner des loix
« Dans les palais comme au village,
« Êtes-vous la nymphe des bois,
« A qui tout chasseur doit hommage ?

« Parlez, daignez me rassurer :
« Si vous n'êtes qu'une bergere,
« Sans cesser de vous adorer,
« J'oserai prétendre à vous plaire. »

Ma sœur, c'étoit le souverain
Qui regne sur cette contrée.
Juge quel sera mon destin,
Si de lui je suis adorée.

VERMEILLE.

En vérité, ma sœur, je ne peux rien comprendre
A ce bonheur que tu sembles attendre.

BLANCHE.

Je te l'ai dit ; celui qui me parloit ainsi
 Est le prince qui regne ici.
Songe donc qu'il m'adore , et que je peux prétendre
A partager son trône en acceptant sa main.

VERMEILLE.

Toi , ma sœur ?

BLANCHE.

 Seroit-il le premier souverain
 Épris d'une simple bergere ?
Épouser ce qu'on aime , est-ce un effort si grand ?
 L'amour ne connoît point de rang :
 Le plus beau titre c'est de plaire.

VERMEILLE.

Mais Colin...

BLANCHE.

 Je saurai le combler de bienfaits.
Malgré tous ses défauts , malgré sa jalousie ,
Je l'aime , et je ferai le bonheur de sa vie
 En le rendant riche à jamais.

VERMEILLE.

Tu t'abuses , ma sœur ; rien ne nous dédommage
De la perte d'un cœur qu'on a cru posséder.
 Pardon , si j'ose te gronder :
 Mais tu devrois faire un voyage
 Chez cette fée aimable et sage

Qui prit soin de nous élever
Bien mieux qu'il ne convient à de simples bergeres.
Tu sais depuis long-temps que nous lui sommes cheres,
Allons la voir.

BLANCHE.

Crois-tu qu'elle daigne approuver
Que je quitte les champs pour aller à la ville?...
Tu ne me réponds pas... Mais toi-même, à la fin,
Donne-moi ton avis.

VERMEILLE.

Il seroit inutile;
Je pense là-dessus comme feroit Colin.

BLANCHE.

Le voici : je crains sa colere,
Laisse-moi l'éviter.

VERMEILLE.

Non, ma sœur; au contraire,
Il faut parler. Je vous laisse tous deux.
Blanche, quand on devient volage,
Il faut au moins conserver le courage
D'en avertir l'objet que l'on rend malheureux.

## SCENE IV.

### BLANCHE, COLIN.

BLANCHE.

C'est vous, Colin! vous venez de bonne heure.

COLIN.

Je serois arrivé déja depuis long-temps,
Si les chemins de ma demeure
N'étoient embarrassés des chevaux et des gens
Du prince qui vient à la chasse.

BLANCHE, vivement.

Il y revient encore?

COLIN.

Il y vient chaque jour.
Chaque forêt pourtant devroit avoir son tour;
Mais c'est toujours le nôtre. On ne voit plus de place
Où le gazon puisse fleurir;
Ils ont tout abymé : le tumulte effroyable
Et des chiens, et des cors qu'on entend retentir,
Force les troupeaux de s'enfuir :
C'est un tapage épouvantable.
En vérité, le prince est fort aimable,
Mais il fait bien du bruit quand il a du plaisir.

BLANCHE.

De quel côté la chasse viendra-t-elle ?

COLIN.

Ne voulez-vous pas y courir ?
Vous n'en manquez pas une ; et vous savez, cruelle,
Combien vous me faites souffrir :
Vous oubliez....

BLANCHE.

Vous oubliez vous-même
Qu'hier encore à mes genoux
Vous m'avez fait serment de n'être plus jaloux.

COLIN.

Oh ! je ne le suis plus : mais ma prudence extrême
Voudroit que vous fussiez toujours seule avec moi.
Si l'on vous voit, il faudra qu'on vous aime ;
Et vous trahirez votre foi,
J'en suis sûr...

BLANCHE.

Mais, Colin, vous mêlez un outrage
A des discours qui séduiroient mon cœur.
Je vous le dis avec douceur :
Cet esprit inquiet, soupçonneux et sauvage,
Ne peut faire que mon malheur ;
Il faut y renoncer.

COLIN.

J'entends trop ce langage.

Tout déplaît dans celui que l'on cesse d'aimer;
Mes défauts n'étoient rien quand je sus vous charmer.
Souvenez-vous combien vous étiez différente;
Mes plaisirs, mes chagrins, vous vouliez tout savoir:
    J'étois sûr, en allant vous voir,
De trouver près de vous l'amitié consolante.
    Vous aimiez tant à pénétrer
    Dans ma plus secrete pensée!
Et si j'étois jaloux, loin d'en être blessée,
    Le plaisir de me rassurer
L'emportoit sur la peur de vous voir offensée.
    Mais aujourd'hui vous voulez me trahir:
Vous cherchez un prétexte, et votre ame légere
    Ne veut exciter ma colere
    Que pour avoir le droit de m'en punir.
    Épargnez-vous une peine cruelle;
    Lorsque l'on peut être infidele,
    On doit le dire sans rougir.

BLANCHE.

    Eh bien! Colin, pourquoi tant de foiblesse?
Oubliez un objet trop indigne de vous:
    En me délivrant d'un jaloux,
    En cherchant une autre maîtresse,
Votre sort et le mien n'en seront que plus doux.

COLIN.

Je suivrai vos conseils; et dès demain peut-être....

BLANCHE.

Dès aujourd'hui ; vous en êtes le maître.

## DUO.

COLIN.

Adieu, perfide, pour jamais.

BLANCHE.

Adieu, Colin ; bon voyage.

COLIN.

Adieu, perfide ; adieu, volage :
Oui, je vous quitte sans regrets.

BLANCHE.

Mais partez donc.

COLIN.

Oui, je m'en vais.

BLANCHE.

Mais partez donc.

COLIN.

C'est pour jamais.

( Il s'en va, et revient. )

BLANCHE.

Que voulez-vous ?

COLIN.

Ce n'est pas moi
Qui romps une chaîne si belle.

BLANCHE.

Votre jalousie éternelle
Me force de trahir ma foi.

### COLIN.

Amour, amour, ce n'est pas moi
Qui romps une chaîne si belle.

### BLANCHE.

Mais partez donc.

### COLIN.

Oui, je m'en vais.
Adieu, perfide; adieu, volage.

### BLANCHE.

Adieu, Colin; bon voyage.

### COLIN.

Oui, je vous quitte pour jamais.          ( Il sort. )

---

# SCENE V.

### BLANCHE, seule.

Il va bientôt revenir sur ses pas
Chercher le pardon... qu'il mérite.
Il s'éloigne pourtant. S'il ne revenoit pas...
Je saurois l'en punir... Il s'éloigne plus vîte...
Il suffit. Pour me voir, le prince est dans ces lieux;
Dès aujourd'hui j'écouterai ses vœux.
Tu gémiras, Colin, de m'avoir offensée.
Il pourra m'en coûter; je sens...

## SCENE VI.

BLANCHE, VERMEILLE, LA FÉE;
LUBIN, derriere tout le monde.

VERMEILLE.

Voici la fée :
Sa bonté nous prévient, ma sœur.

LA FÉE.

Oui, mes filles, j'ai su que votre jeune cœur
Auroit à m'avouer quelque tendre foiblesse :
Je me suis mise en route; et, malgré ma vieillesse,
Le desir de vous voir m'a rendu ma vigueur.

VERMEILLE.

Asseyez-vous : voici le fauteuil de ma mere;
Nous croyons la revoir.

LA FÉE.

Elle m'étoit bien chere,
Et je pleure encor son trépas.    (Elle s'assied. )
Venez donc m'embrasser. Je vous trouve embellies;
Tant mieux, j'aime à vous voir jolies :
L'amitié fait jouir des biens que l'on n'a pas.
Ne songez qu'à m'aimer; moi, par ma vigilance,
Je saurai du malheur détourner les effets.

Nous aurons deux emplois : vous , la reconnoissance ;
Et moi , le doux soin des bienfaits.

### AIR.

Le seul plaisir de mon âge ,
C'est de rendre heureux mes enfants ;
Leur bonheur me dédommage
De la perte de mes beaux ans.
Le temps à mon cœur n'ôte rien ,
Je le sens à ma tendresse ;
Je crois retrouver ma jeunesse
Lorsque je peux faire du bien.

### VERMEILLE.

Aimez-nous donc beaucoup pour plutôt rajeunir.

### LA FÉE.

Ah ! je n'ai pas cessé de vous chérir.
Lorsque j'élevai votre enfance ,
Je vous donnai des vertus , de l'esprit ,
Présent plus cher que l'opulence ,
Mais qui ne suffit pas ; car l'esprit , sans prudence ,
Au delà du vrai but trop souvent nous conduit.
Enfin , voici l'instant d'assurer pour la vie
Et l'état et le sort que votre cœur envie :
Ne m'interrompez point , je vais vous en parler...
Je bavarde un peu trop , je le sens bien moi-même :
Mais je suis vieille et je vous aime ;
Et voilà deux raisons pour beaucoup babiller.

BLANCHE.

Comptez sur le respect....

VERMEILLE.

Comptez sur la tendresse
Qui grave toujours là votre moindre leçon.

LA FÉE.

( Elle voit Lubin. )
Nous sommes en famille... Eh ! quel est ce garçon ?
Dis-moi.

VERMEILLE.

Si vous savez tout ce qui m'intéresse ,
Vous vous doutez sûrement qu'il sera
Bientôt de la famille.

LUBIN, saluant la fée.

Et qu'il vous aimera ,
Si vous le permettez , madame.

LA FÉE.

J'y consens de toute mon ame.
Écoutez-moi : mon art n'est pas bien grand ;
Tu le vois , ma chere Vermeille ,
Mon âge en est un sûr garant :
Car , vous n'en doutez pas , quand une femme est vieille ,
Elle n'a pu faire autrement.
J'aurai le pouvoir cependant
D'accomplir le souhait le plus cher à votre ame.
Voyez quel desir vous enflamme ;

Demandez , et soyez sûres de l'obtenir.

Allons, c'est à vous de choisir ;

Votre attente sera remplie :

Mais prenez garde à ce souhait ;

Les biens ou les maux de la vie

Viennent presque toujours du premier choix qu'on fait.

L U B I N , bas à Vermeille.

Que vas-tu demander ? Mon cœur est dans la peine.

V E R M E I L L E.

Va , je ne suis pas incertaine.

## Q U A T U O R.

V E R M E I L L E.

Le bonheur que Vermeille envie ,

C'est d'être épouse de Lubin ;

D'avoir une maison jolie ,

Un troupeau , des prés , un jardin.

V E R M E I L L E   E T   L U B I N.

Nous y passerons notre vie

A nous aimer , à vous bénir :

Voilà le bonheur que j'envie ,

Voilà notre unique desir.

L A   F É E.

Ma fille , je suis attendrie ;

De bon cœur j'exauce tes vœux :

Dès ce soir vous serez heureux.

VERMEILLE ET LUBIN.

Dès ce soir nous serons heureux,
Et nous le serons pour la vie :
Dès ce soir nous serons heureux !

LA FÉE.

Blanche, c'est à toi de m'instruire
De ce qu'il faut pour ton bonheur.

BLANCHE.

Hélas ! je n'ose pas vous dire
Le desir qu'a formé mon cœur.

LA FÉE.

Il faut pourtant bien m'en instruire.

BLANCHE.

Vous connoissez le souverain
Qui regne sur cette contrée.

LA FÉE.

Eh bien ?

BLANCHE.

J'en suis adorée ;
Je desire obtenir sa main.

LA FÉE.

Tu veux régner, pauvre insensée !

BLANCHE.

Remplissez le vœu de mon cœur.

LA FÉE.

Je lis trop bien dans ta pensée,
Et j'ai pitié de ton erreur.

3.                              17

BLANCHE.

Daignez m'accorder mon bonheur,
Si vous lisez dans ma pensée.

LA FÉE.

Prends ce jour pour bien réfléchir
Au vain objet de ton desir.
Si tu veux, ce soir, être reine,
Tu verras tes vœux accomplis.

BLANCHE.

Je conçois mon bonheur à peine ;
Dès ce soir je serai reine !

LA FÉE.

Si tu veux, tu seras reine.

VERMEILLE ET LUBIN.

Dès ce soir nous serons unis !

LA FÉE.

Dès ce soir vous serez unis.

(Ils s'en vont.)


FIN DU PREMIER ACTE.

# ACTE II.

Le théâtre represente une forêt. L'on a entendu pendant
l'entr'acte le bruit de la chasse du prince.

## SCENE PREMIERE.

### BLANCHE, seule.

### AIR.

Enfin je vais donc à la cour.
Des plaisirs la troupe charmante
Doit habiter ce beau séjour :
J'y serai l'objet chaque jour
De la fête la plus brillante.
Je vais régner ; et mon ame contente
N'aura pas besoin de l'amour.

Eh quoi ! j'abandonne l'asyle
Où je passai mes premiers ans !
Je vais quitter ce bois tranquille
Où le plus soumis des amants
Grava sur l'écorce fragile
Mon nom et mes premiers serments !
Hélas !.... Mais je vais à la cour.

Des plaisirs la troupe charmante
Doit habiter ce beau séjour :
J'y serai l'objet chaque jour
De la fête la plus brillante.
Je vais régner ; et mon ame contente
N'aura pas besoin de l'amour.

———

Je n'ai point vu le prince ; et la chasse est finie :
Il me cherche, sans doute.

## SCENE II.

### BLANCHE, LA FÉE.

———

LA FÉE.

En bien, ma chere amie,
As-tu fait tes adieux ? Partons-nous pour la cour ?

BLANCHE.

Quand vous voudrez. Mais avant tout, ma mere,
Je crois qu'il seroit nécessaire
De connoître un peu ce séjour.

LA FÉE.

Il est difficile peut-être
De le bien définir ; il change à tout moment.

Presque toujours c'est un pays charmant ;
Tout le monde est heureux ou cherche à le paroître :
On se déteste un peu, mais c'est si poliment !
        On s'embrasse sans se connoître,
    On se détruit l'un l'autre doucement.
Parents, belles, amis, tous n'ont qu'un sentiment,
C'est de se supplanter en secret près du maître.

BLANCHE.

Mais quand le prince enfin m'aura donné sa foi
        Par le plus brillant hyménée,
        Quelle sera ma destinée ?
Vous le savez.

LA FÉE.

Sans doute ; écoute moi :

AIR.

    Une jeune et belle princesse
    Ne fait rien qu'avec dignité ;
    Le respect l'entoure sans cesse
    Pour tenir bien loin la gaîté.
    L'étiquette doit la conduire ;
    Car, sans elle, point de grandeur :
    Si la princesse veut sourire,
Il faut l'avis de la dame d'honneur.

--------

BLANCHE.

Mais cependant...

17*

LA FÉE.
Viens en juger toi-même.

Partons.

BLANCHE.
Quand je serai dans cette gêne extrême,
Si par hasard j'allois me repentir
D'avoir quitté...

LA FÉE.
Qui donc?

BLANCHE.
Ma sœur et mon village...

LA FÉE.
Eh bien?

BLANCHE.
Pourrois-je revenir?

LA FÉE.
Non, la grandeur est un noble esclavage
Dont on ne peut jamais sortir.
Mais partons, il est temps... Qu'as-tu donc?

BLANCHE.
Je regrette
Un amant qui vouloit s'attacher à mon sort;
Mon départ va causer sa mort.

LA FÉE.
Qui? Colin?

BLANCHE.

Oui, c'est lui.

LA FÉE.

N'en sois pas inquiete ;
Il est tout consolé.

BLANCHE.

Qui vous l'a dit ?

LA FÉE.

Colin.
Quand il a su que ce matin
Tu m'avois demandé de devenir princesse,
    Il est venu me supplier soudain
D'éteindre par mon art sa trop vive tendresse.

BLANCHE.

Et vous l'avez...

LA FÉE.

Guéri.

BLANCHE.

Ce n'étoit pas pressé.

LA FÉE.

Cela l'étoit beaucoup ; car tu conviens toi-même
Qu'il auroit pu mourir de sa douleur extrème.
    Heureusement, le péril est passé :
    Il va se marier à la jeune Lucette,
Qui depuis si long-temps a pour lui de l'amour.

BLANCHE.

Il va se marier?

LA FÉE.

Oui, dans ce même jour.
Sitôt que je t'aurai conduite à cette cour,
Je reviendrai pour être de la fête.

BLANCHE.

Je ne l'aurois pas cru. Quoi! dans si peu d'instants
Colin s'est consolé!

LA FÉE.

Pour l'oublier toi-même,
Il te fallut encore moins de temps.
D'ailleurs, c'est un effort suprême
De mon art, qui peut seul détruire tant d'amour :
Sans moi, Colin t'aimoit jusqu'à son dernier jour.
Mais, graces à mes soins, il épouse Lucette.
Te voilà bien tranquille, et sur tout satisfaite.
Partons, car il est tard.

BLANCHE.

Je ne veux plus partir.
Vous seule avez causé mon infortune affreuse;
C'est par vos seuls bienfaits que je suis malheureuse :
Laissez-moi, laissez-moi mourir.

LA FÉE.

Je n'ai jamais contrarié personne :
Tu me chasses, je pars; tu me rappelleras,

Je reviendrai, car je suis bonne :
Avant la fin du jour toi-même en conviendras.

> ( Elle sort. )

---

## SCENE III.

### BLANCHE, seule.

Colin ne m'aime plus... Je sens que je l'adore :
Mon malheur est au comble ; et je l'ai mérité.
Dois-je quitter ces lieux ? dois-je chercher encore
A regagner un cœur tant de fois rejetté ?
Faut-il m'exposer à l'outrage...
( On entend dans le lointain une musique champêtre. )
Mais quels accents... Je vois venir
La noce de ma sœur avec tout le village ;
Cachons-nous, à leurs yeux j'aurois trop à rougir.

> ( Elle se cache parmi les arbres.)

## SCENE IV.

### LA FÉE, VERMEILLE, LUBIN, BERGERS ET BERGERES.

(Ils entrent en chantant.)

#### LES BERGERS.

Célébrons le doux mariage
Qui va rendre heureux leur destin.
Vermeille épouse Lubin ;
Ah ! qu'ils vont faire bon ménage !
Vermeille épouse Lubin ;
L'amour leur promet un bonheur sans fin.

#### LA FÉE.

Mes enfants, j'ai rempli vos vœux ;
De l'hymen la chaîne vous lie :
Aimez-vous, aimez votre amie,
Nous serons tous les trois heureux.

#### LES BERGERS ET LES BERGERES.

Célébrons le doux mariage
Qui va rendre heureux leur destin.
Vermeille épouse Lubin ;
Ah ! qu'ils vont faire bon ménage !

#### VERMEILLE ET LUBIN, à la fée.

Nous pensions, dans un si beau jour,
Qu'amour seul se feroit entendre ;

Mais votre amitié vive et tendre
Parle à notre cœur autant que l'amour.

LES BERGERS ET LES BERGERES.

Célébrons le doux mariage
Qui va rendre heureux leur destin.
Vermeille épouse Lubin ;
Ah ! qu'ils vont faire bon ménage !
Vermeille épouse Lubin ;
L'amour leur promet un bonheur sans fin.

LA FÉE.

Ma promesse n'est pas remplie,
Mes chers enfants : je viens de vous unir,
Mais je vous dois encore une ferme jolie,
Et la voici.

(Elle frappe de sa baguette, et l'on voit paroître une colline,
sur laquelle est une ferme de l'aspect le plus riant. )

Vous pouvez en jouir.
Tout ce qu'il faut aux besoins de la vie
S'y trouve rassemblé. Le jardin est ici :
Voyez plus loin dans la prairie
Ce troupeau de moutons ; il est à vous aussi :
Voilà des champs semés près de votre retraite.
Votre félicité commence dès ce jour :
Ce n'est pas moi qui dois l'achever, c'est l'amour,
Et je n'en suis pas inquiete.

( Elle veut s'en aller. )

VERMEILLE.

Vous nous quittez?

LA FÉE, à voix basse.

Je vais chercher Colin.
Colin pleure toujours sa volage maîtresse ;
Vous prendrez soin de son destin ,
N'est-il pas vrai? Son sort vous intéresse ;
Il restera chez vous, vous serez son appui ;
Et vous aurez soin devant lui
De ne pas parler de tendresse.

( Elle sort. )

---

# SCENE V.

## LUBIN, VERMEILLE, LES BERGERS.

LUBIN.

Mais comment faire? il nous verra.

VERMEILLE.

Ah! nous ferons tout ce qu'elle voudra.
Mais, mon ami, quelle richesse extrême!
Regarde: des brebis, une ferme, des champs!
Et tout le village nous aime!

LUBIN.

Tout cela c'est ta dot.

VERMEILLE.

Écoutez, mes enfants :
La bonne fée a dit que la ferme est garnie
De tout ce qu'il nous faut pour bien passer la vie ;
Pour que tous nos vœux soient remplis ,
Venez jouïr de ses largesses :
On ne peut aimer les richesses
Que pour les partager avec ses bons amis.

LUBIN.

Elle a toujours raison , suivons tous son avis.

(Ils montent tous la colline en chantant. )

## CHOEUR.

VERMEILLE ET LUBIN.

Venez , venez avec nous ,
L'amitié vous appelle.

LES BERGERS.

Suivons , suivons deux époux
Qui seront notre modele.

VERMEILLE ET LUBIN.

L'amitié vous appelle ,
Venez , venez avec nous.

LES BERGERS.

Le plaisir nous appelle ,
Suivons un guide si doux.

VERMEILLE ET LUBIN.

Souvenez-vous que chaque année
Ce même jour nous verra réunis.

3.                        18

**LES BERGERS.**

Oui, Vermeille ; et cette journée
Sera la fête du pays.

**VERMEILLE ET LUBIN.**

Venez, venez avec nous,
L'amitié vous appelle.

**LES BERGERS.**

Suivons, suivons deux époux
Qui seront notre modele.

———

(Ils entrent dans la ferme. Blanche, cachée dans le bosquet, a vu monter la montagne à toute la noce de sa sœur. Elle revient sur le théâtre, la fée paroît dans le fond tenant Colin par la main : ils examinent et écoutent Blanche sans être apperçus d'elle. )

# SCENE VI.

## BLANCHE, LA FÉE, COLIN.

———

**BLANCHE**, qui se croit seule.

Je ne peux habiter plus long-temps cet asyle ;
Tout y semble aigrir ma douleur :
Leurs plaisirs vrais et leur bonheur tranquille
Sont un reproche pour mon cœur.

Fuyons... Eh quoi! l'heureux sort de ma sœur
   Rend-il ma peine plus affreuse?
   Hélas! quand on est malheureuse,
   Tout parle de notre malheur.
Que devenir? Quel chemin dois-je suivre?
Ah! si la fée...

LA FÉE, *se montrant; Colin reste derriere.*
   Eh bien! me voilà; que veux-tu?

BLANCHE.

Secourez-moi, j'ai tout perdu:
Colin ne m'aime plus, je n'y pourrai survivre.

LA FÉE.

C'est toi qui l'as quitté.

BLANCHE.

      Je le sais trop, hélas!
Et je l'aimois pourtant plus que ma vie.
Prenez pitié de Blanche, elle est assez punie;
Et souffrez que du moins je m'attache à vos pas:
   J'aurai soin de votre vieillesse,
Je n'aimerai que vous; mon respect, ma tendresse,
Seront mes seuls plaisirs jusques à mon trépas.

LA FÉE.

Quand on a du chagrin, comme on a le cœur tendre!
Allons, viens, donne-moi le bras.

      *Elles se mettent en marche.* )

#### COLIN.

Arrêtez, arrêtez.

#### BLANCHE.

Ciel! que viens-je d'entendre?

( Elle se jette dans les bras de la fée. )

#### LA FÉE.

Eh bien! Blanche, qui te retient?
C'est ici le chemin qui mene à ma demeure...
Quoi! tu m'aidois à marcher tout-à-l'heure,
Et c'est mon bras qui te soutient!

#### COLIN.

Vous qui méprisâtes mes larmes,
Et vos serments, et mon amour,
Est-il bien vrai que dans ce jour
Vous vouliez finir mes alarmes?
Un mot, un seul mot me suffit:
J'oublierai tout, tout, excepté vos charmes;
Ce mot, vous l'avez déja dit,
Répétez-le du moins.

#### BLANCHE.

Le malheur qui m'accable
Fut mérité par moi; je saurai le souffrir.
Laissez-moi, laissez-moi vous fuir.

#### COLIN.

Si c'est vous qui fûtes coupable,
Pourquoi voulez-vous me punir?

LA FÉE.

Écoute-moi, ma chere amie ;
Tu n'as point fait ce vœu que je dois accomplir :
Demande ce qui peut rendre heureuse ta vie ;
Je te donne encore à choisir.

BLANCHE.

Je m'en garderai bien ; j'aime mieux ma souffrance
Que de voir Colin me chérir
Par l'effet de votre puissance.

COLIN, à genoux.

Colin n'aima jamais que toi,
Même pendant le temps où mon ame inquiete...

BLANCHE.

Vous n'épousez donc pas Lucette ?

COLIN, surpris.

Lucette, ô ciel !

LA FÉE.

Colin, pardonne-moi :
J'imaginai cette imposture
Pour la punir de son manque de foi.

BLANCHE, à Colin.

Mon cœur m'en punissoit.

LA FÉE.

Te voilà donc bien sûre
Que l'on fait toujours son malheur
En se laissant guider par la coquetterie.

18.

Toi, tu vois qu'en amour l'extrême jalousie,
Même lorsque l'on plaît, peut éloigner un cœur.

## FINALE.

### LA FÉE.

Mes chers enfants, je vais combler vos vœux,
Je vais finir toutes vos peines ;
Je vous unis, soyez heureux.

### BLANCHE ET COLIN.

Pour jamais nous sommes heureux.

### TOUS TROIS.

De l'hymen les douces chaînes
Feront le bonheur de tous deux.

### BLANCHE.

Suis-je toujours, comme autrefois,
De ton cœur la seule maîtresse ?

### COLIN.

Colin t'a gardé sa tendresse ;
Il ne la donne pas deux fois.

### BLANCHE ET COLIN.

Soyons époux, soyons heureux,
Ce jour va finir nos peines ;
De l'hymen les douces chaînes
Rendent le bonheur à tous deux.

(Pendant ce temps la fée monte à la ferme ; elle frappe à la
porte et appelle tout le monde. )

## SCENE VII.

### BLANCHE, COLIN, VERMEILLE, LUBIN, LA FÉE, TOUS LES BERGERS.

LA FÉE.

Venez, venez recevoir votre sœur.

VERMEILLE.

Oui, c'est ma sœur,
Ah! quel bonheur!

TOUS.

Courons, courons recevoir votre sœur.

( Ils descendent la colline en courant. )

VERMEILLE.

Embrasse-moi, ma bonne amie.

BLANCHE.

Suis-je de vous toujours chérie?

VERMEILLE ET LUBIN.

Nous t'aimerons toute la vie.

Chantez, chantez le retour de ma sœur.

TOUS.

Chantons, chantons le retour de sa sœur.

LA FÉE, à Blanche.

Que ton cœur jamais n'oublie
Que ce n'est pas la grandeur
Qui rend heureuse la vie.

BLANCHE.

Non , non ; j'abjure mon erreur.

TOUS.

Non , non , ce n'est pas la grandeur
Qui rend heureuse la vie ;
C'est l'amour qui fait le bonheur.

( On danse. )


FIN.

# APPROBATION.

J'ai lu, par ordre de monseigneur le garde des sceaux, les Œuvres de M. le chevalier de Florian, et je n'y ai rien trouvé qui m'ait paru devoir en empêcher l'impression. A Paris, ce 26 janvier 1786.

SUARD.

# PRIVILEGE.

Louis, par la grace de Dieu, roi de France et de Navarre, à nos amés et féaux conseillers, les gens tenants nos cours de parlement, maîtres des requêtes ordinaires de notre hôtel, grand conseil, prévôt de Paris, baillis, sénéchaux, leurs lieutenants civils, et autres nos justiciers qu'il appartiendra, Salut. Notre bien amé le sieur chevalier de Florian nous a fait exposer qu'il desireroit faire imprimer et donner au public ses Œuvres, s'il nous plaisoit lui accorder nos lettres de privilege à ce nécessaires. A ces causes, voulant favorablement traiter l'exposant, nous lui avons permis et permettons de faire imprimer lesdits ouvrages autant de fois que bon lui semblera, et de les vendre, faire vendre par tout notre royaume : voulons qu'il jouisse de l'effet du présent privilege pour lui et ses hoirs, à perpétuité, pourvu qu'il ne le rétrocede à personne ; et si cependant il jugeoit à propos d'en faire une cession, l'acte qui la contiendra sera enregistré en la chambre syndicale de Paris, à peine de nullité, tant du privilege que de la cession ; et alors, par le fait seul de la cession enregistrée, la durée du présent privilege sera réduite

à celle de la vie de l'exposant, ou à celle de dix
années, à compter de ce jour, si l'exposant décede
avant l'expiration desdites dix années ; le tout conformément aux articles IV et V de l'arrêt du conseil du 30 août 1777, portant réglement sur la durée des privileges en librairie. Faisons défenses à
tous imprimeurs, libraires, et autres personnes de
quelque qualité et condition qu'elles soient, d'en
introduire d'impression étrangere dans aucun lieu
de notre obéissance ; comme aussi d'imprimer ou
faire imprimer, vendre, faire vendre, débiter ni
contrefaire lesdits ouvrages, sous quelque prétexte
que ce puisse être, sans la permission expresse et
par écrit dudit exposant, ou de celui qui le repré-
sentera, à peine de saisie et de confiscation des
exemplaires contrefaits, de six mille livres d'a-
mende ; qui ne pourra être modérée, pour la premiere fois, de pareille amende et de déchéance
d'état en cas de récidive, et de tous dépens, dom-
mages et intérêts, conformément à l'arrêt du conseil du 30 août 1777, concernant les contrefaçons :
à la charge que ces présentes seront enregistrées
tout au long sur le registre de la communauté des
imprimeurs et libraires de Paris, dans trois mois
de la date d'icelles ; que l'impression desdits ouvrages sera faite dans notre royaume et non ailleurs, en beau papier et beaux caracteres, conform-
mément aux réglements de la librairie, à peine de
déchéance du présent privilege ; qu'avant de l'exposer en vente, le manuscrit qui aura servi de copie à l'impression desdits ouvrages sera remis,
dans le même état où l'approbation y aura été donnée, ès mains de notre très cher et féal chevalier,
garde des sceaux de France, le sieur Hue de Miromesnil, commandeur de nos ordres ; qu'il en
sera ensuite remis deux exemplaires dans notre
bibliotheque publique, un dans celle de notre châ-
teau du Louvre, un dans celle de notre très cher

et féal chevalier, chancelier de France, le sieur DE MAUPEOU, et un dans celle dudit sieur HUE DE MIROMESNIL : le tout à peine de nullité des présentes ; du contenu desquelles vous mandons et enjoignons de faire jouir ledit exposant et ses hoirs, pleinement et paisiblement, sans souffrir qu'il leur soit fait aucun trouble ou empêchement. Voulons que la copie des présentes, qui sera imprimée tout au long au commencement ou à la fin desdits ouvrages, soit tenue pour dûment signifiée, et qu'aux copies collationnées par l'un de nos amés et féaux conseillers-secrétaires foi soit ajoutée comme à l'original. Commandons au premier notre huissier sur ce requis, de faire, pour l'exécution d'icelles, tous actes requis et nécessaires, sans demander autre permission, et nonobstant clameur de haro, charte normande, et lettres à ce contraires. Car tel est notre plaisir. Donné à Fontainebleau le vingt-neuvieme jour d'octobre, l'an de grace mil sept cent quatre-vingt-trois, et de notre regne le dixieme. Par le Roi, en son conseil.

LE BEGUE.

Registré sur le registre XXI de la chambre royale et syndicale des libraires et imprimeurs de Paris, n. 3044, fol. 971, conformément aux dispositions énoncées dans le présent privilege ; à la charge de remettre à ladite chambre les huit exemplaires prescrits par l'art. CVIII du réglement de 1723. A Paris, ce 11 novembre 1783.

LECLERC, syndic.